Cyril Scott: Der Eingeweihte

Cyril Scott

Der Eingeweihte

IM DUNKLEN ZYKLUS

Band 3

Aus dem Englischen
von
Karl Friedrich Hörner

Aquamarin Verlag

1. Auflage 2007

Voglherd 1 • D-85567 Grafing
www.aquamarin-verlag.de

Titel der Originalausgabe »The Initiate in the Dark Cycle«

Umschlaggestaltung: Annette Wagner

ISBN13 978-3-89427-373-6
Druck: Bercker • Kevelaer

Inhalt

Für jene,
die die Prüfung bestanden haben.

Einführung

In einer Zeit, da gewaltige, kosmische Veränderungen in den unsichtbaren Welten stattfinden – und diesen entsprechende Veränderungen und Umwälzungen auf der physischen Ebene –, haben mir die Meister der Weisheit nahegelegt, diesen zweiten Folgeband zu »Der Eingeweihte« zu schreiben. Es ist ihre Absicht, einer verwirrten Menschheit Wissen und Erleuchtung zu geben, insbesondere jenen, die sich mit der höheren Esoterik beschäftigen und sich seit einiger Zeit Problemen gegenübergestellt sahen – und noch sehen –, die zu lösen sie nicht imstande sind.

Das Wesen dieser Probleme und die von den Meistern zur Übermittlung des notwendigen Wissens gebrauchte Verfahrensweise werden in diesem Buch enthüllt werden. Ihre Empfehlung und deren Verwirklichung wird darüber hinaus nebenbei noch meiner persönlichen und weitaus weniger wichtigen Absicht dienlich sein, mich aus einer Reihe von Dilemmas zu befreien, in die ich als Folge meiner vorangegangenen Bücher verwickelt worden bin. Denn wieder war ich Zielscheibe einer Unmenge von Briefen, Fragen und Anliegen geworden, denen ich zum größten Teil nur sehr unvollkommen gerecht werden konnte.

Einige der Absender dieser Briefe, die mich aus allen Teilen der Welt erreichten, haben mich gebeten, meinen Guru zu bewegen, dass er sie als Schüler annehme; andere gingen mich an, ihn dazu zu bringen, in ihre Probleme und Schwierigkeiten – oder diejenigen ihrer Freunde – einzugreifen; wieder andere verlangten Interviews mit mir, offensichtlich als vorbereitenden Schritt zu einer Begegnung mit ihm selbst. Unter durchaus großzügigem Einsatz von Eigenlob haben etliche von ihnen die vielen und verschiedenartigsten Qualifikationen aufgezählt, die sie, wie sie annahmen, berechtigten, seine Schüler zu werden. Frauen haben mir geschrieben und fragten, wie sie sich gegenüber ihren untreuen Ehemännern verhalten sollten, und Männer, was sie mit ihren treulosen Frauen tun sollten. Kurzum, was nach meiner Meinung der Eingeweihte Justin Moreward Haig in ihrem speziellen Fall wohl raten würde? Selbst Drohungen erreichten mich des Inhalts, dass man mir die Qualifikationen eines Mitglieds der Bruderschaft absprechen würde, falls ich nicht enthüllte, wie der Eingeweihte seine sogenannten Wunder vollbrachte[1], da kein Herr des Mitgefühls jemals Wissen für sich behalten, sondern es mit anderen teilen würde!

Wenngleich einige dieser Briefeschreiber ihre Bewunderung für meine Bücher bekundeten (für die ich ihnen bei dieser Gelegenheit danken möchte), stellten sie mir doch Fragen, die bereits in den Büchern selbst in jeder Hinsicht beantwortet sind – ein Umstand, der zeigt, dass sie entweder ihren Sinn nicht ganz verstanden oder das getan haben, was gewisse Menschen so gerne mit der Bibel tun, nämlich jene Lehren und Stellen annehmen, die ihnen gerade passen, und das andere schlichtweg ignorieren.

Glücklicherweise jedoch zeigen die peinlicheren Vertreter jener Briefflut nur eine Seite der Medaille. Ich habe auch zahlreiche andere Schreiben erhalten, die bekundeten, dass ihre Urheber durch die Lehren des Eingeweihten zum Beispiel vor ehelichem Schiffbruch bewahrt worden sind. Andere erklärten offen, dass er es war, der sie zu einer völligen Umwandlung ihrer Lebensanschauung bewegt hatte, und wieder andere, dass ihnen die Bücher durch irgendwelche materiellen oder emotionalen Krisen hindurchgeholfen hatten.

Mit dieser Einführung, von der ein großer Teil jetzt das Thema der Leserkorrespondenz behandelte, möchte ich aber keinen meiner Leser entmutigen, der den Wunsch spürt, mir wegen einer Frage, die nicht schon in den Büchern selbst besprochen worden ist, zu schreiben. Andererseits möchte ich meine Leser in ihrem eigenen Interesse dringend daran erinnern, dass es zwecklos ist, mir zu schreiben, um eine Begegnung mit meinem Meister herbeizuführen, denn sie werden, wenn sie die Geduld haben, auch noch dieses dritte Buch zu lesen, selbst sehen, wie und warum einer solchen Bitte nicht stattgegeben werden kann. Darüber hinaus werden sie erkennen – was ihnen nach

1 Siehe *Der Eingeweihte in der Neuen Welt,* Kapitel 26.

der Lektüre der Einführung des letzten Buches anscheinend nicht gelungen ist –, dass ich nicht in der Lage bin, jene zu befriedigen, die sich bemüht haben, oder sich noch immer bemühen, mich zu überreden, alle Diskretion aufzugeben und ihnen geradeheraus mitzuteilen, wer der Eingeweihte ist und wo er anzutreffen sei.

Da jedoch ein Gerücht in Umlauf gebracht worden ist, wonach J. M. H. in Wirklichkeit Bischof Wedgwood sei, ein Würdenträger der Liberal-Katholischen Kirche, und ich Briefe erhielt, in denen gefragt wurde, ob dies richtig sei, will ich hier unzweideutig erklären, dass jenes Gerücht falsch ist. Es wäre vielleicht möglich, die Biografie eines trinkfreudigen Poeten zu schreiben, ohne auch nur einmal das Wort »Soda-Wasser« zu erwähnen – und eine solche Biografie ist tatsächlich schon erschienen –, aber es wäre kaum möglich, ein Buch über einen Bischof zu schreiben, ohne je die Kirche zu erwähnen!

Jedenfalls, Gurus, die in der westlichen Welt leben – und das ist ein wichtiger Punkt –, können ihre weltlichen Angelegenheiten nicht nach der Art indischer Yogis oder Sadhus behandeln, die gerne bereit scheinen, jedermann, der ihnen zuzuhören wünscht, kleine Moralpredigten zu halten, und auch nichts dagegen zu haben scheinen, dass Bücher und Traktate über sie geschrieben werden, die ihre Heiligmäßigkeit und genaue Einzelheiten einschließlich ihres Aufenthaltsortes bekanntmachen. Ja, ungeachtet ihrer un-weltlichen Gesinnung scheinen sie es dennoch nicht zu beanstanden, zu Personen des öffentlichen Lebens zu werden.

Aber die Verhältnisse im Osten und im Westen sind weitgehend verschieden. Kein westlicher Guru oder Meister, von dem ich je gehört habe, ist eine Persönlichkeit des öffentlichen Lebens. Es ist eine Sache für Mahatmas, die in den unerreichbaren Schlupfwinkeln Tibets weilen, die Veröffentlichung von Büchern zu erlauben, die Tibet beschreiben, aber es ist eine ganz andere Sache für europäische Meister, ähnliche Enthüllungen zuzulassen. Kein Buch ist bisher geschrieben worden, das den tatsächlichen Aufenthaltsort z. B. der englischen Meister angibt, und einer der Gründe dafür ist, dass die Veröffentlichung eines solchen Buches verhängnisvolle Störungen ihrer Privatsphäre nach sich ziehen würde, und deshalb dem wichtigen Werk im

Wege stünde, das sie, gemeinsam mit allen anderen Adepten, für die Menschheit vollbringen.

Und deshalb sei hier in aller Deutlichkeit erklärt, dass die Bücher, die ich geschrieben habe, niemals mit der Absicht verfasst wurden, für meinen Guru Werbung zu machen, als sei er ein leicht zugänglicher Lehrer für alle oder jeden, der glaubt, berechtigt zu sein, eine esoterische Ausbildung zu erhalten. Sie haben vielmehr das weitere Ziel, Zeugnis zu geben für die Existenz jener Großen, der Gurus, Adepten und Meister, die sich selbst in ihrer Bescheidenheit als die älteren Brüder der Menschheit bezeichnen. Erstens gibt es solche, die noch nie von den Adepten gehört haben, und infolgedessen nicht an sie glauben; zweitens sind da jene, die gerne an ihre Existenz glaubten, aber feststellen, dass sie es nicht können, und drittens jene unglücklichsten von allen, die, nachdem sie einmal geglaubt haben, nun von nagendem Zweifel heimgesucht werden. Bei den Angehörigen der ersten Gruppe brauchen wir uns nicht länger aufzuhalten, aber jene der zweiten und dritten sind vielleicht in einer Position, in der ihnen geholfen werden kann durch das Zeugnis von einem, der – im Gegensatz zu bloßem Glauben – über sicheres Wissen verfügt. Denn das Wissen eines Menschen, der selbst *gesehen* hat, mag gewiss den Glauben in jenen anregen, die nicht gesehen haben, und in der Welt der Esoterik kann Glauben schließlich zu Wissen führen.

Bereits an die Meister der Weisheit zu glauben und sich ihren Lehren anzuschließen, bedeutet, eine telepathische Verbindung mit ihnen herzustellen, oder – wie wir in dieser Zeit des nunmehr drahtlosen Funkverkehrs sagen könnten – sich einzustimmen, sich gewissermaßen einzustellen auf ihre Schwingungen.

Doch davon abgesehen, waren die Meister in verschiedenen Abschnitten der Weltgeschichte mit ihrem Rat und ihren Lehren bereit, das Gleichgewicht der sich wandelnden Sitten, Gebräuche und Glaubensvorstellungen wiederherzustellen. Dass mein Guru seinen Beitrag zur Verbreitung dieser Lehren leistete, habe ich mich schon, wenn auch unangemessen, in meiner Wiedergabe, die er mir niederzuschreiben gestattet hat, zu zeigen bemüht.

Wir wollen jedoch gleich zu Anfang Missverständnisse vermeiden. Ich, der ich mich selbst Charles Broadbent zu nennen beliebe, bin weder im Spirituellen noch in der Literatur ein »großes Tier«, wie kritische und aufmerksame Leser zweifellos bereits aus meinen früheren Büchern geschlossen haben dürften. Mein Leben ist nicht das eines Heiligen gewesen, und meine literarischen Fähigkeiten lassen noch so viel zu wünschen übrig, dass ich das Gefühl habe, die ganze Aufgabe sollte viel eher einem Biografen oder Schriftsteller von Ruf statt meiner Person übertragen worden sein. Doch – so seltsam das auch anmutet – ein solcher Schriftsteller fand sich nicht ein. Heilige mögen wohl trotz Schwierigkeiten in der Lage sein, über mystische Bewusstseinszustände zu schreiben, aber wenn es darum geht, die alltäglichste Konversation zu Papier zu bringen, erweist sich das Resultat als kläglich. Es sei also klargestellt, dass ich lediglich ein Werkzeug in den Händen jener bin, für die zurzeit kein besseres zu finden war; vielleicht haben sie es, da es für sie wichtigere Dinge zu tun gibt, nicht einmal versucht.

Sei es also, wie es wolle; sie trauen meinen Lesern genügend Verstand zu, zu erkennen, dass, nur weil das Telefon nicht über und über mit Rosen bemalt ist, die Botschaften, die hindurchkommen, deshalb nicht unbedingt Lügen und Unsinn sein müssen. Deshalb brauchen meine Leser sich nicht darüber den Kopf zu zerbrechen, ob ich persönlich eine sogenannte »hoch entwickelte Seele« bin oder nicht, oder ob ich diese oder jene spirituelle Qualifikation besitze.

Der Grund, warum ich erwählt wurde, über solche gewichtigen Angelegenheiten zu schreiben, wie sie auf den folgenden Seiten besprochen werden, ist der, dass mein Leben so beschaffen ist, dass ich in der beneidenswerten Lage bin, seinen größeren Teil den Erfordernissen der Adepten widmen zu können. Ich halte ihre Aktivität – soweit mir diese zu verfolgen gestattet ist – für das fesselndste und aufregendste Interesse meiner gegenwärtigen Inkarnation, und ich kann mir keine Beschäftigung so inspirierend und anregend vorstellen, wie die, bildlich gesprochen, ihr »Laufbursche« zu sein.

Die den Pfad der Liebe beschreiten, mögen wohl leiden, wenn ihnen ihre Lieben genommen werden. Die den Pfad der Macht beschreiten, mögen wohl leiden, wenn ihre Macht bekämpft wird. Die aber den Pfad der Weisheit beschreiten, finden Frieden, denn Weisheit kann nicht genommen werden. Wenn Weisheit so mächtig ist, dass sie ins Unterbewusstsein hinabsinkt, um von dort wieder ins bewusste Denken aufzusteigen, dann schenkt sie Immunität gegen Leiden, denn ihr Licht hat die Dunkelheit aus jeder Ebene des Bewusstseins vertrieben.

Justin Moreward Haig

1 · Die Deva-Eingeweihte

Kurz nach der Veröffentlichung von »Der Eingeweihte in der Neuen Welt« sah ich mich gezwungen, ein SOS in Form eines Briefes an meinen Guru, Justin Moreward Haig, zu schicken. Es fiel mir nicht leicht, diesen Brief zu schreiben, weil – es erübrigt sich, dies zu erwähnen – ich wusste, dass er nicht allvermögend war; er konnte keine Toten auferstehen lassen, noch von seinem Haus in Boston aus, Tausende von Meilen entfernt, das Unsichtbare wahrnehmbar machen für einen, der die Kraft, es zu sehen, verloren hatte. Meine Frau nämlich hatte – wie wir annehmen, durch eine Reihe von Operationen – ihre Hellsichtigkeit verloren, die uns zuvor die mediale Kommunikation mit dem Meister ermöglichen konnte. Dieser Verlust bereitete ihr sehr viel Kummer, der erst leichter wurde, als wir mit Chris in Verbindung kamen, die, mittels ihrer eigenen paranormalen Gaben, imstande war, den Weg zu erhellen, den Viola selbst nicht mehr sehen konnte.

Und jetzt war Chris tot, und Viola sank in noch tiefere Dunkelheit als zuvor, denn zu dem schmerzlichen Verlust war nun noch die Pein hinzugekommen, nicht mehr von eben jener Fähigkeit Gebrauch machen zu können, die allein die Kluft zwischen ihr und ihrer geliebten Freundin hätte überbrücken können.

Chris war keine gewöhnliche Freundin; sie hatte einzigartige Eigenschaften, die sie aus der Masse durchschnittlicher Zeitgenossen herausragen ließen. Mehr Bürgerin der anderen als dieser Welt, doch allzeit bereit, das Leid der Menschen mit dem Geschenk ihres umfassenden Einblicks und Mitgefühls zu lindern, war sie zu dem Punkt geworden, um den sich unser Leben mehrere Jahre gedreht hatte.

Ihr Tod nun ließ Viola, die eine außergewöhnlich starke Verbindung mit ihr hatte und auch eher dem Pfad der Liebe als dem Pfad der

Weisheit gefolgt war, mit gebrochenem Herzen zurück. Von Natur aus schon eher emotional als rational veranlagt, versuchte sie heldenhaft, ihre Trauer zu unterdrücken, die ihr unvereinbar schien mit den esoterischen Idealen; aber dadurch wurde die Sache nur noch schlimmer.

Und so entschloss ich mich, in der Hoffnung, irgendeinen Rat zu erhalten, mit dem ihr Leid zu lindern wäre, jenes SOS an meinen Guru zu schicken. Ich dachte nicht daran, dass die Folgen dieser so einfachen Handlung genügend Stoff für einen großen Teil dieses dritten Buches liefern würden.

Während ich hier sitze und diese ersten Seiten schreibe, geht meine Erinnerung zurück zu jener äußerlich unscheinbaren Frau mittleren Alters, die, bevor sie hinüberging, eine so wichtige Rolle in unserem spirituellen Leben gespielt und jenen wenigen, die es fassen konnten, eine solch reiche Fülle an Wissen von den Meistern der Weisheit übermittelt hatte. Ich sehe sie noch deutlich vor mir mit ihrem silberweißen Haar und überraschend jungem Antlitz – nicht, was man schön genannt hätte, aber doch nicht weniger schön durch den Ausdruck vergeistigten Liebreizes. Ich sehe sie in ihrem ziemlich verfallenen Gasthaus, in dem menschliches Strandgut jeglicher Art, gebrochen und geschlagen an Körper und Seele, ankam und nicht nur eines herzlichen Willkommens, sondern auch in den meisten Fällen der Heilung ihres jeweiligen Leids gewiss war. Sie riefen nach ihr zu jeder Zeit des Tages, und nie hatte sie einen Augenblick für sich selbst. Ich sehe sie noch vor mir, wie sie, immer in Eile, das sprichwörtlich Unmögliche versuchte, nämlich, überall zugleich zu sein – häufig erschöpft und fast ständig geplagt von Neuralgie, und dennoch – immer liebevoll und gleichmütig – brachte sie hier Kopfschmerzen zum Verschwinden mit ihren stark magnetischen Kräften oder tröstete dort ein Mädchen, das unter einer unglücklichen Liebe litt; löste sie im einen Augenblick ein tiefgründiges metaphysisches Problem für einen eifrigen Jünger der Philosophie, so versuchte sie im nächsten Moment, die Differenzen eines unglücklich entzweiten Ehepaares auszugleichen. Selbst jetzt noch wundere ich mich über ihre Fähigkeit, sich augenblicklich umzustellen und auf die nicht enden wollende Flut der verschiedenartigsten Ansprüche einzugehen.

Es war ein eigenartig verschachteltes Haus, gefüllt mit verschiedenartigsten Patienten. Christabel Portman und ihr Mann schienen unfähig zu sein, ihre gastfreundlichen Türen vor einem Menschen in Not zu verschließen, ganz gleich, welchen Standes oder welcher Herkunft er war. Das Maß ihrer Not war das einzige Kriterium, sie einzulassen: Seifenfabrikanten aus dem Norden, englische und ausländische Adlige, müde kleine Schullehrer, indische Staatsbeamte, Franzosen, Holländer, Syrer – all diese und noch viele andere mehr hatten sich früher oder später einmal in »The Pines« (»Die Kiefern«) gesammelt und niedergelassen, in der Zuflucht, die die Portmans, gemeinsam mit einem Arzt, für die Behandlung rätselhafter psychischer Beschwerden offenhielten. Chris, mit ihren wunderbaren Kräften, diagnostizierte nicht nur die Leiden, sondern empfing auch medial Informationen über die geeignetsten Mittel zur Heilung. Was sie aber am meisten heilen konnte, war, wie Viola immer behauptete, das, was man »Herzschmerzen« nennt …

Eine Reihe der Menschen waren Theosophen, die von ihren theosophischen Freunden empfohlen worden waren; andere kamen auf Empfehlung eines unkonventionellen Arztes, um sich dann verwundert und zuweilen ein wenig schockiert in einer so eigenartigen Auswahl von Zeitgenossen wiederzufinden.

Gut entsinne ich mich der unzusammenhängenden Gesprächsfetzen, die ich so oft an dem überfüllten Mittagstisch auffing, wenn die Stimme des einen oder anderen gerade einmal das allgemeine Reden übertönte oder ein plötzliches Piano ein paar zusammenhängende Sätze unerwartet in den Vordergrund geraten ließ.

»Ich nehme an, Sie wissen, Mr. Smith, dass Ihre ganzen Schwierigkeiten karmisch sind …«, hörte man eifrig ein humorloses älteres Fräulein versichern.

»Habe noch nie etwas von diesem Wort in Manchester gehört«, kam die unterschütterlich-sarkastische Erwiderung von Mr. Smith; »würde das nicht sagen, wenn es nicht so wäre. Aber Dr. Hodges meint, es sei Verstopfung …«

»Nein, nein, Sie verstehen nicht – sagt er das wirklich, Mrs. Portman?«

»Mais pardon, Madame …«, und die Stimme des Franzosen drang

durch das Konversationsorchester herüber, nasal, wie eine gestopfte Trompete. »Das Absolüt' kann unterr über'aupt keinen Umständen zur Manifestation gelangen – voyons, ça n'est pas logique, ça!«

»Aber in den Büchern steht doch immer ...«

»Ganz, wie Sie meinen, selbstverständlich«, aber diese Frau aus Yorkshire sah überhaupt nicht so aus, als wenn sie dies wirklich meinte, »aber lassen Sie mir nichts auf die gute alte Geschichte von Jesus Christus und der christlichen Religion kommen!«

»Keiner von uns sagt etwas gegen die christliche Religion, Mrs. Satterthwaite.«

»Ein wunderbarer Mann, Sir Thomas – jetzt beweist er *wirklich* seine Brüderlichkeit.«

»Wie diese Frau doch an Titeln hängt ...«, kam der geflüsterte Kommentar meines Nachbarn.

»Ist das permanente Atom immer im Kehl-Chakra, Mrs. Portman?«

»O Chris, meine Liebe, ich hatte einen so wunderlichen Traum – könnte das eine Erinnerung an eine frühere Inkarnation gewesen sein?«

»Es ist verrückt: Meine Zehen kribbeln immer, wenn ich meditiere. Meinen Sie, das bedeutet ...«

»Dieses Jahr, nächstes Jahr, irgendwann einmal, niemals ...«

Aber das war nur jemand, der behutsam seine Pflaumensteine zählte.

Und dort, am Kopf der Tafel, saß Chris, allzeit die höchste Instanz, die sich im einen Augenblick bemühte, sich nicht vor Lachen zu schütteln, und im nächsten Moment versuchte, Öl auf die Wogen zu gießen und Harmonie im Widerstreit so vieler verschiedener Persönlichkeiten zu schaffen.

Jetzt gehen meine Gedanken zu einer ganz anderen Szene zurück: Chris in ihrem großen romantischen Garten mit seinen Rasenflächen und verschlungenen Wegen, seinem Lilienteich, seinen Pergolen und rosenüberwachsenen Lauben; Chris, wie sie vor einem kleinen Kreis von Männern eine Abhandlung über hohe Metaphysik hält, während ihre Zuhörer beeindruckt und gebannt lauschen. Weil sie sich nie Mühe gab, Eindruck zu hinterlassen bei ihren Zuhörern, vermittelte sie nie das ärgerliche Gefühl, dass sie »dozierte«. Wenn sie ganz bei der Sache war und sich »nach innen einstimmte«, konnte sie die trefflichsten und gelehrtesten Abhandlungen über Themen geben, von denen sie zuvor nicht das Geringste gewusst hatte. Ich entsinne mich einer Gelegenheit, da jemand sie um einen Vortrag über japanische Kunst bat. Sie ging nicht nur darauf ein, sondern erledigte diese Aufgabe mit Bravour.

Obschon alle sich einig waren, dass »Mrs. Portman eine wunderbare Frau« war, hatten selbst die Theosophen, mit ganz wenigen Ausnahmen, keine Ahnung, wie eng ihre Verbindung mit jenen Meistern der Weisheit war, die zu achten sie gelernt hatten. Hätte man es ihnen mitgeteilt, hätten es einige von ihnen gar nicht geglaubt. Wie Madame Blavatsky, hatte Chris seit ihrer frühesten Kindheit hellsichtig jenes eindrucksvolle und Liebe ausstrahlende Wesen wahrgenommen, das sie später als einen der Himalaya-Meister kennenlernte, ihren eigenen Guru. Ich erinnere mich, wie sie mir eines Tages, als wir allein zusammen in einem abgelegenen Teil ihres Gartens saßen, erzählte, wie sie, wenn ihr Körper schlief, sich zu seinem Haus in Shigatse zu begeben pflegte und, hingerissen wie ein Kind, ihm zuhörte, wie er auf der Orgel improvisierte, die er dort oben aufgebaut hatte. Meister Koot Hoomi nämlich hat ein besonderes Interesse an der Musik und bemüht sich, alle jene zu inspirieren, die für seinen Einfluss mehr oder weniger empfänglich sind.

Chris hatte selbst eine Begabung zum Improvisieren. Sie konnte die überirdische Musik der Devas[2] hören und sie, freilich mit Zugeständnissen an die Grenzen des Klaviers, in irdische Klänge übertragen. In gewissem Sinne schien es seltsam, dass ein derart begabter Mensch dazu bestimmt sein sollte, sein Leben in dieser Atmosphäre von Krankheit und mentaler Verwirrung zu verbringen, in der, wie ich mir immer vorstellte, ihr sensibles Wesen doch innerlich verkümmern musste.

»Oh, wenn ich nur Musikerin hätte werden können!«, seufzte sie zuweilen sehnsüchtig, um dann mit ihrem lustigen kleinen Lächeln hinzuzufügen: »Na ja, es hat eben nicht sein sollen ...«, und, wie um

2 Lichtwesen – von der kleinsten Elfe bis zu den höchsten Engelwesen.

diesen Gedanken zu vertreiben, eilte sie davon, um den einen oder anderen ihrer vielen Patienten aufzuheitern.

Als sie dann wenig später wieder an mir vorbeieilte auf einem nächsten Weg ihres liebevollen Dienstes, bemerkte sie über ihre Schulter hinweg: »Stellen Sie sich nur nicht vor, dass ich meine Arbeit für meine lahmen Hunde hier nicht lieben würde!«

»Je lahmer sie sind, desto mehr scheinen Sie sie zu lieben«, parierte ich. Ihr Lachen antwortete mir noch, als sie selbst schon um die Ecke verschwunden war ...

Eines Tages erzählte ich Chris von meinem Guru J. M. H., wenn ich auch seinen Namen nicht nannte.

»Das ist ja schrecklich interessant!«, rief sie begeistert; und dann kam jener verklärte Blick in ihre Augen, aus dem wir schließen konnten, dass sie irgendetwas hellfühlte.

Ein oder zwei Augenblicke später lächelte sie für sich, ein verschmitztes, rätselhaftes Lächeln.

»Na, kommen Sie her, Chris«, sagte ich, »Sie werden das doch nicht alles für sich behalten. Ich möchte doch hören, ob Sie nicht womöglich mehr über meinen Meister wissen als ich selbst. Nun? Heraus mit der Sprache!«

Sie lachte herzlich. »Sie machen mir ja Spaß!«

»Gott sei Dank, aber ich warte darauf zu hören, was Sie über meinen Meister wissen.«

»Ach, nicht viel, nur dass seine spezielle Aufgabe in Verbindung zu stehen scheint mit der Vorbereitung von Körpern für die neue Epoche der Menschheit.«[3]

»Da haben wir es!«, rief ich. »Davon habe ich noch nie etwas gehört!«

»Oh, das wussten Sie nicht?« Sie war – oder tat wenigstens so – erstaunt.

»Nun, wie sollte ich denn? Er hat es mir nie gesagt. Ich frage mich, warum.«

»Die Wege der Meister sind geheimnisvoll«, sagte sie. »Vielleicht hielt er es nicht für wichtig.«

3 Gemäß der Entwicklungslinie, wie sie auch die Theosophie angibt..

»Oder vielleicht wollte er nicht, dass ich es erfahre, und jetzt kommen Sie daher und lassen die Katze aus dem Sack«, zog ich sie auf.

»Es macht ihm nichts aus, ob Sie es wissen oder nicht; andernfalls sollte ich es Ihnen nicht gesagt haben.«

»In Ordnung, dann erzählen Sie mir bitte noch mehr!«

»All diese physiologischen Yoga-Praktiken, die er lehrt ...«

»Ja, was ist damit?«

»Sie sind dazu gedacht, den Körper besonders kräftig und für die Seele kontrollierbar zu machen, aber auch besonders sensitiv; denn es soll der neuen Menschheit nützen.«

»Sie meinen, wenn seine Schüler Kinder bekommen, werden diese solche Eigenschaften erben?«

»Ja, aber natürlich.«

»Und warum ausgerechnet in Amerika?«

»Weil es reichlich Körper der neuen Menschheit dort drüben geben wird. Aber nicht nur dort. Ihr Guru hat jedenfalls momentan dieses Werk für die Amerikaner des derzeitigen Zyklus übernommen.«[4]

»Das klingt ja interessant. Lassen Sie uns noch mehr davon hören.« Aber sie wurde abberufen, um jemanden zu behandeln, der gerade einen epileptischen Anfall hatte. Immer gab es irgendeine Unterbrechung.

Ich erinnere mich auch noch an einige seltsame Leute, die gelegentlich in »The Pines« auftauchten, angeblich, weil sie sich nicht ganz wohl fühlten, aber in Wirklichkeit, weil sie sich Bestätigung ihrer eigenen medialen Eindrücke wünschten oder mit Chris nur darüber sprechen wollten. Eine wohlmeinende, aber irregeleitete Seele war überzeugt, dass sie häufig Kontakt mit der Jungfrau Maria habe. Eines Tages bat sie sogar Chris niederzuknien, da die Madonna anwesend sei ... Aber leider war alles, was Chris sehen konnte, boshafter Spuk, Foppgeister, die sich königlich amüsierten über die Folgen ihrer Maskerade, und so fand Chris sich mit der heiklen Aufgabe konfrontiert, der guten Frau zu offenbaren, dass ihre Visionen größtenteils aus ih-

4 N. B. – Der »35-Jahre-Zyklus des Mars«, des Planeten, der astrologisch verantwortlich ist für Kriege und Revolutionen; auch für die Anregung der Erforschung oder Kontrolle des Unbewussten, durch Mittel wie Psychoanalyse oder Yoga. Dieser Zyklus dauert von 1909 bis 1944. Siehe auch Kapitel 9.

rem eigenen Unterbewusstsein stammten, beziehungsweise dass das, was sie sah, nicht gerade dem entsprach, was sie sich vorstellte, und dass die Jungfrau Maria in keiner Weise damit zu tun hatte …

Ich erinnere mich an eine andere Frau, stämmig und kräftig, die darauf bestand, »Lehrvorträge« von Wesen geradezu unvorstellbarer Erhabenheit zu empfangen. Diese Wesen jedoch erwiesen sich von befremdlicher Anpassungsfähigkeit. Der Arzt hatte jener Frau im Interesse ihrer Gesundheit den weiteren Genuss von Portwein verboten, aber nachdem sie sich einige Tage enthalten hatte, setzte sie uns – und den Arzt! – eindrucksvoll davon in Kenntnis, dass ihre »Lehrer« seine Verbote verworfen hätten! Ein weiterer Fall für Chris …

Sie leugnete natürlich nicht, dass die Hellsichtigkeit solcher Frauen gelegentlich auch echt war. Es war nur die Schwierigkeit, wie sie sagte, dass sie, wie alle unausgebildeten Hellsichtigen, die Spreu vom Weizen nicht trennen oder ihre »Wahrnehmungen« und Empfindungen davor bewahren konnten, von ihren persönlichen Wünschen gefärbt zu werden. Solche Menschen zu vermehrter Selbstkritik anzuregen, ohne ihnen allzu sehr den Wind aus den Segeln zu nehmen, war alles andere als einfach und trotzdem ein großer Teil ihrer Arbeit.

Ich könnte fortfahren und noch eine Vielzahl von Erinnerungen an Christabel Portman wiedergeben, doch das würde bedeuten, ein ganzes Buch zu füllen. Aber selbst dieses skizzenhafte Porträt soll nicht nur literarische Ausschweifung bleiben. Es war das Vorspiel zu der lebendigsten aller Erinnerungen – an jenen Sonntagmorgen, als sie zu mir kam und sagte: »Der Meister hat angeboten, zu Ihnen zu sprechen.«

Auf einem Sessel beim Kamin, in dem kleinen eichegetäfelten Raum, der für die Meditation reserviert war, saß Chris, aber das unbeschreibliche Lächeln, mit dem sie mich begrüßte, war nicht ihres; auch die Stimme und Redeweise war verändert.

Sanft und liebevoll kamen von ihren Lippen die Worte: »Seien Sie gegrüßt, mein Sohn …«, und ihre Hand hielt einen Augenblick die meine, bevor sie mir bedeutete, Platz zu nehmen – mit einer Geste, die ebenfalls nicht ihrer Art entsprach.

Und dann erkannte ich, dass sie getan hatte, was nur Eingeweihte höheren Grades vollbringen können: Sie war bewusst in den Hintergrund getreten und hatte vorübergehend ihren Körper aufgegeben zugunsten ihres Meisters.

Ich wollte, es wäre mir gestattet, über all das zu schreiben, was er bei dieser und bei anderen Gelegenheiten sagte, wenn er mir die Ehre erwies, mit mir zu sprechen, aber er hat mir Schweigen auferlegt. Denn Vieles von dem, was er mich lehrte, soll nicht in einem Buch veröffentlicht werden. Aber über seine Liebe, seine Toleranz, seine Bescheidenheit, seine reiche Sprache, seine Fähigkeit, schwierige Probleme zu erhellen oder tiefsten Wahrheiten in wenigen, einfachen Worten oder in einem poetischen Gleichnis Ausdruck zu geben – davon will ich gerne schreiben. Ungeachtet seines beeindruckenden Intellekts und der Spiritualität, die von ihm ausstrahlte, schien er so reizend menschlich-liebevoll. Da war nicht die Spur von herablassendem Herunterblicken aus überlegener Höhe, hinab auf die kindlichen Schwächen von uns unterentwickelten armen Sterblichen. Oftmals hatte ich Grund, über mein Versagen zu klagen, aber statt mich zu tadeln, beruhigte und tröstete er mich und räumte ein, dass die gestellten Aufgaben zu schwierig seien, um in einem Augenblick vollbracht zu werden. So lange er sah, dass seine Schüler wirklich ihr Bestes versuchten, um es zu erreichen, tadelte er sie nie; nur wenn sie gleichgültig oder gedankenlos wurden, zeigte er Anzeichen des Missfallens.

Ich pflegte mich nach jenen Gesprächen erfrischt und erhaben in Körper und Geist zu fühlen, und mit so klarem Erinnerungsvermögen, dass ich selbst jetzt noch fast jedes Wort wiederholen könnte, das er sprach.

Und dann starb Chris, und das war das Ende dieser inspirierenden Gespräche.

Ständig umgeben von Patienten, die pausenlos ihre Hilfe in Anspruch nahmen, dauernd von sich gebend und kaum einmal selbst etwas bekommend, mehr und mehr ihre abnehmenden Kräfte verausgabend für ihren Mann, der schon jahrelang, beeinträchtigt von einer unheilbaren Krankheit, gearbeitet hatte, zog sie sich schließlich selbst eine schmerzhafte und tödliche Krankheit zu. Die Menschen hatten sich zu sehr von ihr abhängig gemacht, und im Sinne ihrer spirituellen Entwicklung, aber auch im Interesse des geistigen Weiterkommens von Chris selbst, war es wohl das Beste, sie abzuberufen.

Aus Liebe hatte sie ihr ganzes Leben den Nöten und Bedürfnissen anderer geopfert, wie sie sich schon Tausende von Jahren zuvor geopfert hatte, von den freien und freudvollen Ebenen des Deva-Reiches auf die schwierige und begrenzte Erde überzuwechseln. Obwohl sie für unser enges Sehvermögen ein Menschenwesen war, blieb sie doch für jene, die sehen konnten, immer noch eine Deva im Geiste, der von den Devas so viel Liebe entgegengebracht wurde, wie sie selbst für jene hatte. Und wegen dieser Liebe führten die Devas der Heilung ihr die Hände, wenn sie Kranke anrührte, die Devas der Klänge inspirierten sie, wenn sie die Tasten des Klaviers berührte, und selbst die kleinen Naturgeister, die sich mit den Blumen beschäftigen, mischten ihre Freude mit der Freudigkeit von Chris, die sie überallhin ausstrahlte.

2 · Ungewissheit

Das SOS an meinen Guru war ordnungsgemäß geschrieben, und Viola fügte noch ein paar Zeilen hinzu. Es war rührend, wie sie sich selbst tadelte, dass sie so »unphilosophisch« sei und unklar; das erkannte sie selbst als egoistische Trauer. Ich sagte ihr, dass diese Beteuerungen nicht notwendig seien, gleichwohl bewunderte ich sie im Innern wegen ihrer Ehrlichkeit, und weil sie nicht versucht hatte, sich zu rechtfertigen.

So seltsam das klingt, jedoch am gleichen Nachmittag, an dem ich diesen Brief aufgegeben hatte, lief ich im Garderoberaum eines Clubs Toni Bland über den Weg.

»Mir scheint, wir sind uns schon früher einmal begegnet«, bemerkte er.

Ich wusste ihn im Augenblick nicht sofort einzuordnen, doch dann fiel es uns beiden gleichzeitig wieder ein.

»Moreward Haig«, sagte Toni und schüttelte mir die Hand.

Er war der zierliche, feminine kleine Mann, den ich vor vielen Jahren im Hause J. M. H.s kennengelernt, und dessen Porträt ich wohlgetarnt in den ersten Band meiner Eindrücke aufgenommen hatte. Mir war nie wohl bei dem Gedanken gewesen, ihm wieder zu begegnen, da ich fürchtete, er habe das Buch gelesen und sich darin wiedererkannt.

Er bemerkte meine Verlegenheit und lächelte.

»Ich hätte ja noch ein Hühnchen mit Ihnen zu rupfen«, sagte er, »aber das werde ich nicht. Ihre Darstellung diente einem sehr guten Zweck.«

Wie ein Feigling gab ich vor, ihn nicht zu verstehen.

»Sie haben doch gewiss Ihr eigenes Buch nicht vergessen?«, erinnerte er mich.

»Ach, kommen Sie«, erwiderte ich, »es ist schlimm genug, das Buch geschrieben zu haben – Sie können doch nicht erwarten, dass ich es auch noch lese!«

Er lachte, und plötzlich begann ich den kleinen Kerl zu bewundern. Er hätte sich auch ganz anders verhalten können, nachdem er gesehen, wie ich ihn der Lächerlichkeit preisgegeben hatte. Ich legte ein Geständnis ab, und wir führten ein langes, offenes Gespräch miteinander. J. M. H. hatte mich vor zwanzig Jahren gewarnt, ihn wegen seiner äußeren Erscheinung nicht falsch zu beurteilen; aber dennoch schien es mir kaum möglich, dass ein Mensch sich so sehr zum Guten verändern konnte, und es zeigte mir nur einmal mehr, was ein Guru mit einem willigen Schüler erreichen kann.

Einige Tage später hatte ich Toni Bland zum Tee eingeladen, um ihn mit meiner Frau und Lyall Herbert, dem Komponisten, bekannt zu machen, einem Schüler von J. M. H., den ich in Boston kennengelernt hatte.

Wir hatten gehofft, nur ein Quartett zu bilden, aber niemand anderes als Mrs. Saxton kam hereingesegelt. Diese große und entschlossene Frau pflegte »The Pines« zu frequentieren, denn ich selbst war es gewesen, der ihr als Erster empfohlen hatte, dorthin zur Behandlung zu gehen. Sie war schon einige Jahre Theosophin gewesen und bezeichnete sich selbst als treue Bewunderin von Mrs. Besant, als Anhängerin der Meister und Mitglied der Liberal-Katholischen Kirche. Doch eines Tages hatte sie all dies plötzlich über Bord geworfen wegen Krishnamurti; und weil Krishnamurti die Theosophie, die Meister und Kirchen aller Richtungen mit vielen schmählichen Worten bedachte, tat sie das jetzt auch … Annie Besant hatte einmal öffentlich verkündet, Krishnamurti sei der Weltlehrer. Wohlan, was der Weltlehrer lehrte, musste ja notwendigerweise richtig sein.

Nachdem alle miteinander bekannt gemacht waren, ließ sich Mrs. Saxton in einen Sessel fallen, unterzog Toni einer genauen Inspektion und schätzte ihn, wie ich sehen konnte, sofort als jenen unmännlichen und unbedeutenden Typ von Mann ein, den sie für besonders ablehnenswert hielt.

Wir hatten sie nicht mehr gesehen, seit Chris gestorben war, und so murmelte ich etwas über die tragische Tatsache ihres Todes.

»Tragisch?«, entgegnete Mrs. Saxton, und ihr ungerührt-munterer Ton war wie eine Zurechtweisung. »Ich sehe es überhaupt nicht so.«

»Aber doch, so viele Menschen waren ja ganz von ihr abhängig ...«

»Sie sollten lernen, auf ihren eigenen Füßen zu stehen«, unterbrach sie hart.

»Selbst wenn sie so schwach sind, dass ihnen die Knie schlottern?«, fragte Herbert amüsiert.

Mrs. Saxton blickte ihrer großen Nase entlang nach unten und ignorierte ihn. »Stellen Sie sich vor«, fuhr sie fort, »Miss Hart – jenes verrückte kleine Geschöpf, das immer an Christabel hing – redet doch tatsächlich davon, sie wolle versuchen, durch ein spiritualistisches Medium mit ihr Kontakt aufzunehmen!«

»Oh, meinen Sie ...«, begann Viola aufgeregt, korrigierte sich dann aber errötend.

»Ob ich es für wahrscheinlich halte, dass sie damit Erfolg haben wird?«, beendete Mrs. Saxton ihre Frage. »Das glaube ich ganz bestimmt nicht. Liebe arme Christabel – sie hatte gewiss ihre Schwächen – glaubte, dass Meister notwendig seien für unsere geistige Entwicklung und all das – aber ich bin sicher, wo auch immer sie jetzt sein mag, ist sie außer Reichweite für Leute, die ihrer eigenen Schwäche Vorschub leisten, indem sie versuchen, ihr jetzt durch Medien nachzustellen.«

»Arme Miss Hart ...«, murmelte Viola. Ich wusste, dass sie an die neurasthenische, gebrochene kleine Schullehrerin dachte, für die Chris alles gewesen war.

»Selig sind, die da trauern, denn sie sollen getröstet werden«, sagte Bland ruhig, und Viola warf ihm einen dankbaren Blick zu.

»Wenn die Leute die Wahrheit lebten«, erklärte Mrs. Saxton, »bräuchten sie niemals Trost.«

»Wenn ...«, bemerkte Toni sanft.

»Wenn die Leute nicht so selbstgef-«, begann Viola, aber ich warf ihr einen drohenden Blick zu und brachte sie damit zum Verstummen.

»Sie haben sich also mit Krishnamurti beschäftigt«, sagte Lyall zu Mrs. Saxton.

»Ich fahre nach Ommen, wann immer dort ein Camp ist«, antwortete sie mit einer Bestimmtheit, die keinen Zweifel daran ließ, dass sie dorthin fahren würde, ganz gleich, ob gerade ein Camp war oder nicht.

»Was denken *Sie* übrigens über Krishnamurti und seine Äußerungen?«, fragte Viola Toni Bland.

»Ein hervorragendes Korrektiv gegen unklug lange spirituelle Bevormundung. Advaita-Philosophie in moderner Gestalt, vorgeschlagen von einer sehr reinen und schönen Seele.«

»Dann denken Sie also nicht, dass er der Weltlehrer ist?«, wollte sie weiter wissen.

Er lächelte. »Bedürfen wir eines Weltlehrers, um zu erfahren, was sowieso uraltes Wissen ist? Können wir den Begriff Lehrer zu Recht bei einem Mann anwenden, der uns gesagt hat, dass keiner, ganz gleich wie erhaben, uns überhaupt etwas lehren könnte?«

Mrs. Saxton starrte Toni an, aber da er die Gewohnheit hatte, die Augen zu schließen und sanft in den Raum zu träumen, sah er ihren Gesichtsausdruck nicht.

»Sind Lehrer absolut notwendig, wenn wir Klavier spielen lernen wollen?«, fuhr er fort. »Vielleicht nicht. Aber wenn wir uns ihr größeres Wissen und ihre Anleitung zunutze machen, können wir uns zumindest eine Menge Schwierigkeiten und Zeit ersparen.«

»Wäre es nicht lustig«, lachte Herbert, »wenn jemand ankäme, der angeblich der Welt-Klavierlehrer ist, und uns mitteilte, dass alle Klavierprofessoren nur viele Hindernisse seien, die unserem Erlernen des Klavierspiels im Wege stünden! Können Sie sich nicht die Massen getäuschter Leute vorstellen, die im Glauben sind, sie wären Paderewskis, während sie nichts weiter können, als das Instrument in Stücke zu dreschen?«

»Was für einen köstlichen Teekuchen Sie aber auch bereitet haben ...«, wandte sich Mrs. Saxton pointiert an meine Frau. Nachdem sie gegangen war, warfen wir einander Blicke zu.

»Was für eine starke Abneigung sie doch gegen mich hatte«, stellte Toni mit komischer Traurigkeit fest.

»Und gegen mich erst!«, fiel Herbert lachend ein.

»Da sieht man, was Krishnamurtis Lehren aus ihr gemacht haben!«, bemerkte Viola empört.

»Das ist nicht fair«, rief ich, um dann, zu den anderen gewandt, fortzufahren: »Ich kenne sie schon seit Jahren, und sie ist schon immer so gewesen. Vor langer Zeit habe ich J. M. H. gebeten, sie aufzusuchen, und später nahm ich sie in mein erstes Buch auf – natürlich gut getarnt, versteht sich ...«[5]

»Sie immer mit Ihren Büchern ...«, murmelte Toni mit einem Zwinkern.

»Sie hat ihn wohl darin erkannt, aber zum Glück für mich hat sie sich selbst nicht wiedererkannt. Als sie anfing, sich mit der Theosophie zu beschäftigen, zum Teil als Folge der Lektüre meines Buches, und über Eingeweihte erfuhr, brüstete sie sich damit, einen solchen leibhaftig gekannt zu haben. Jetzt natürlich, nachdem sie zu Krishnamurti übergewechselt ist, will sie mit all jenem nichts mehr zu tun haben. Trotzdem ist es kaum fair, ihm ihre Mängel vorzuwerfen – nun, schließlich weiß sie ja nicht einmal im Ansatz, worüber er spricht!«

»So ist das also ...«, sagte Viola schadenfroh.

»Manche Menschen wechseln ihren Charakter mit der Weltanschauung«, bemerkte Bland; »andere wechseln nur ihre Weltanschauung.« Er öffnete die Augen und zwinkerte.

»Ich glaube, der kleine Mann ist wirklich entzückend«, erklärte mir Viola, als wir wieder allein waren, »und er hat so eine Gabe, den Nagel auf den Kopf zu treffen – köstlich!«

»Und das ist der Mann, der unfähig schien, einer Fliege auch nur ein Haar zu krümmen – als ich ihm zum ersten Mal begegnete.«

»Ich kann es nicht glauben«, lachte sie, »und das könnte wohl auch sonst niemand. Er ist genau die Art von Mensch, zu der man gehen möchte, wenn man in Schwierigkeiten ist. Aber was jene dumme alte Frau und ihre selbstgefälligen Bemerkungen über Chris betrifft ...«

»Hoho, wo bleibt denn die Nächstenliebe?«, unterbrach ich sie lachend.

»Zum Henker damit!«, entgegnete sie. »Wenn ihre Einstellung wenigstens eine Spur von Originalität besäße – aber sie hat das ja nur

---

5 Siehe *Der Eingeweihte,* Kapitel 15.

von Krishnamurti. Nur weil er irgendwo einmal gesagt hat, dass die Liebe zum Individuum früher oder später Leiden bedeute, muss sie – sie ...«

»... uns unverdauten Krishnamurti als einen schwachen Umschlag auf unseren starken Schmerz servieren, hm?«

Da musste sie auch lachen.

»In Wirklichkeit war es ja so ...«, begann ich, aber Viola nahm mir das Wort aus dem Mund: »... dass der Tod von Chris für sie gar keine Tragödie war, denn sie hat sie ja nie wirklich geliebt!«

»Genau. Aber selbst Menschen, die sie geliebt haben – nun, ich hing ja selbst an ihr, wie du weißt – aber ich nehme es nicht ganz so schwer wie du, meine Liebe.«

»Oh, du bist auch so viel ausgeglichener und weiter«, schluchzte sie plötzlich. »Ich wünschte, ich wäre wie du, aber ich bin es nicht, und das ist es ja! Ich weiß, dass du selbstlos froh darüber bist, dass Chris jetzt frei ist – das bin ich natürlich auch – es ist nur – dass ich sie so schrecklich vermisse ...« Ihre Stimme zitterte, und ich erkannte, wie wahr, wenn auch banal, die Worte des Poeten sind:

»Oh, für die Berührung einer entschwundenen Hand, und den Klang der Stimme, die verstummt ...«

So etwas spottete aller intellektuellen Überlegung.

»Nun gut«, sagte ich betont fröhlich, »ich bin gespannt, was J. M. H. schreiben wird. Ich wage zu sagen, dass er uns eine Botschaft von ihr übermitteln wird. Schließlich – weißt du nicht mehr, als meine Mutter starb, war sich Meister Koot Hoomi auch nicht zu gut dafür, mir eine Menge Neuigkeiten über sie durch Chris zu übermitteln.«

»Und dafür liebe ich ihn um so mehr«, murmelte Viola, »dass er so – so menschlich ist ...« Nach einer langen, nachdenklichen Pause seufzte sie dann sehnsüchtig: »Oh, wie sehr wünschte ich, J. M. H. wäre nicht so weit fort, dann könnten wir sofort eine Antwort bekommen.«

Sie schien wie eine Ertrinkende, die nach dem Rettungsring griff.

3 · Ein schwerer Schlag

Etliche Wochen waren vergangen, und noch immer war kein Brief von meinem Guru eingetroffen. Wäre es Viola an Leib und Gemüt besser gegangen und wäre unsere finanzielle Situation weniger entmutigend gewesen, hätte ich mich versucht gefühlt, den Ozean zu überqueren und mich selbst in J. M. H.s Haus einzufinden. Inzwischen war es viele Jahre her, dass ich jene unvergesslichen Monate bei ihm und seinen Schülern in Boston verbracht hatte, und mein Verlangen, ihn leibhaftig wiederzusehen, hatte bei weitem nicht mit der Zeit abgenommen, sondern es war nur immer stärker geworden.

Im Laufe dieser Jahre musste ich mich oft fragen, warum er nie vorgeschlagen hatte, dass ich ihn einmal besuchte, aber wie Chris schon so treffend bemerkt hatte: »Die Wege der Meister sind geheimnisvoll …« Zweifellos gab es für ihn Gründe. Darüber hinaus hatte ich das wunderbare Glück, mit dem Meister vom Himalaya zu sprechen und von ihm Anweisungen zu erhalten, den J. M. H. bei mehreren Gelegenheiten liebevoll als einen weitaus höheren Eingeweihten, als er selbst sei, erwähnt hatte. Der Brauch, einen Schüler vorübergehend an einen anderen Guru weiterzureichen, wird häufig von den Meistern der Weisheit geübt, für die solche geringfügigen Schwächen wie z. B. »berufliche Eifersucht« (wenn dieser Begriff erlaubt ist), nicht existieren. Aber mit dem Tode von Chris und dem Ende der medialen Kräfte Violas war ich wieder völlig abhängig von normalen Mitteln der Kommunikation geworden, um Führung und Instruktion zu erhalten. So ist es wenig verwunderlich, dass sowohl sie als auch ich mit unverhohlener Ungeduld auf M. H.s Brief warteten.

Und dann, eines Morgens, schlug es ein: Anstelle der langerwarteten Antwort von J. M. H. erhielt ich einen Brief von seinem Sekretär, der mir knapp mitteilte, dass der Guru verschwunden sei. Mein Gesichtsausdruck beim Lesen der wenigen Zeilen muss deutlich meine völlige Überraschung und Bestürzung wiedergegeben haben.

»Was, um Himmels willen, ist denn *jetzt* passiert?«, wollte Viola wissen, die gerade zum Frühstück herunterkam. Ich hatte keine Wahl, ich musste es ihr mitteilen. Es war ein schrecklicher Augenblick, denn ich wusste, was diese Nachricht für sie bedeuten würde. Sie hatte Chris verloren und jetzt auch noch ihren Guru – und mit diesem ihre letzte Hoffnung. Sie war eine kranke Frau und ihr Zustand nicht geeignet, um einen solchen Schock zu verkraften. Doch es war nicht in meiner Macht, das zu verhindern. Sie wurde kreidebleich, sagte kein Wort und brach in Tränen aus.

Bei dem Versuch, sie zu trösten, bemühte ich mich, die Mitteilung zu verharmlosen. »Mein Liebes«, sagte ich und legte meinen Arm um sie. »Du nimmst doch wohl nicht an, dass er für immer verschwunden ist? Er wird bestimmt wieder auftauchen. Du glaubst doch nicht, dass er einfach fortgeht und alle seine Schüler ohne ein Wort der Erklärung zurücklässt, wenn er nicht beabsichtigte, zurückzukehren?«

»Wir haben auch nie gedacht, dass die Meister es zuließen, dass Chris uns genommen würde«, schluchzte sie, »und trotzdem haben sie es getan … Oh, ich kann es nicht ertragen. Muss ich denn alle verlieren, die ich liebe?«

Plötzlich war ich ungehalten gegenüber J. M. H. Was hatte er für ein Recht, einfach so fortzugehen und so viel Leid zu verursachen? Viola war ihm, weiß Gott, eine gute Schülerin gewesen in jenem Jahr, in dem wir beide in Boston waren, und sie hatte sich heldenhaft geopfert, um seinen Wünschen Folge zu leisten. Er musste genau wissen, dass sie jetzt krank war und ihre Freundin verloren hatte, und ausgerechnet einen solchen Augenblick wählte er, um zu verschwinden! Und was ist mit all seinen anderen Schülern? Wollte er sie einfach verlassen und leiden lassen – ohne irgendeine Erklärung?

Aber Gedanken der Empörung dienen keinem guten Zweck, und sie waren auch keinesfalls ein Trost für Viola; so verbannte ich sie, so gut ich konnte. Es waren auch noch andere Briefe gekommen, die darauf warteten, geöffnet zu werden, und darunter befand sich auch ein dicker Umschlag mit dem Poststempel von Boston. Ich riss ihn auf.

»Mein lieber Broadbent«, las ich.

»Wie Heddon Ihnen wohl geschrieben hat, haben wir hier einen ordentlichen Hieb in den Solarplexus abgekriegt. J. M. H. hat sich verflüchtigt. Vor zwei Monaten fuhr er ab und ließ uns in dem Glauben zurück, dass er nach wenigen Tagen wieder da sei, und seit damals sitzen wir auf unseren vier Buchstaben und warten auf ihn. Es kursiert sogar die Vorstellung, dass er uns bei einem Eisenbahnunglück in Kalifornien für immer verlassen hat, denn auf der Liste der tödlich Verunglückten stand ein Mr. J. M. Haig. Dr. Moreton, einer der Schüler, die Sie nicht kennengelernt haben, wenn ich mich recht entsinne, charterte sofort ein Flugzeug, um der Sache nachzugehen, aber die Leiche war nicht zu identifizieren. Eine ganze Reihe anderer Leichen waren in dem gleichen Zustand. Alles, worauf man sich stützen konnte, war ein neuer Koffer, auf den J. M. Haig gestempelt war. Ich persönlich glaube nicht, dass dieser Mann unser Guru war. Eingeweihte wie er haben nicht so eine Art von Karma, dass sie bei Zugunglücken ums Leben kommen müssen. Ich habe den Verdacht, dass Heddon, der am weitesten entwickelte Schüler J. M. H.s, mehr über die ganze Geschichte weiß, als er sagt, aber das hilft uns auch nicht weiter. Etliche von den anderen Schülern sagen, sie hätten eine Vorahnung gehabt, dass J. M. H. sich aus dem Staube machen würde, weil er erst kurz zuvor, als er sie tadelte, dass sie nicht so rasch voran kämen, wie sie könnten, fragte, ob sie sich denn vorstellten, dass er allezeit da wäre, um sie zu überwachen!

Jedenfalls dachte ich, ich schreibe und erzähle Ihnen das, und ich hoffe, Sie nehmen es nicht zu tragisch. Außerdem wollte ich Sie wissen lassen, dass ich mich bald auf die Reise nach London mache. Vor einem Jahr starb mein alter Vater, nachdem er monatelang leidend gewesen war, und hinterließ mir das meiste von seinem Geld. Warum soll ich nicht etwas davon ins Globetrotten investieren? Ich bin wohl sonst ein ganz fröhlicher Bursche, aber *das* hat mir wirklich einen mächtigen Schlag versetzt. Boston ohne J. M. H. – nun, ich habe einfach das Gefühl, ich muss eine Weile weg von diesem Ort. Ich denke, ich segele in ungefähr einem Monat ab und werde Sie anrufen, wenn ich angekommen bin. Grüße an Viola,

Herzlichst, Arkwright.

P. S. Ich nehme doch an, dass Sie nicht einen friedlichen Guru in London umherwandern gesehen haben?«

Der Schreiber dieser flotten Epistel hatte tatsächlich den Nagel auf den Kopf getroffen, als er von einem Schlag in die Magengrube sprach. Was, um Himmels willen, sollte ich Viola jetzt sagen? Sie hatte ihr Frühstück unberührt gelassen und war aus dem Zimmer gegangen, was mir zuerst einmal Zeit zum Nachdenken ließ. Ihr zu sagen, dass J. M. H. möglicherweise umgekommen war, würde das Fass zum Überlaufen bringen. In ihrem gegenwärtigen Zustand würde die bloße Andeutung einer solch tragischen Möglichkeit ausreichen, dass sie daran glaubte.

War es denn wahr? Konnte es denn nicht auch sein, dass J. M. H. noch etwas Karma abtragen musste und diesen Weg gewählt hatte? Schon der Gedanke daran war schrecklich: Er war in diesen Zug gestiegen mit dem Wissen, dass dieser zu einem bestimmten Zeitpunkt verunglücken und er selbst dabei ums Leben kommen würde. Welch schreckliches Vorauswissen ... Oder vielleicht war er am Ende gar nicht der hohe Eingeweihte, als den wir ihn uns vorgestellt hatten? Vielleicht konnte er – im Gegensatz zu den hohen indischen Yogis, von denen er so häufig sprach – den Zeitpunkt seines Todes nicht voraussehen, und selbst *seine* erstaunlichen hellsichtigen Fähigkeiten wurden ihm von Mächten, die höher waren als er selbst, verschleiert?

Und so fand ich, der ich dachte, niemals zweifeln zu können, mich selbst in diesen höchst trostlosen Gemütszustand geworfen. Sobald ich versuchte, meine Zweifel mit dem einen Argument zu zerstreuen, kam mir sofort ein Gegenargument in den Sinn, als ob jemand neben mir stünde und mir auf diese Weise einen Gedanken nach dem anderen eingäbe.

Inzwischen plagte sich meine Frau, vermutlich oben in ihrem Zimmer, mit dem Schmerz des doppelten Verlustes. Ich musste zu ihr gehen. Aber ich beschloss, ihr nichts von dem Brief Arkwrights zu sagen. Wenn ich später einmal den klaren Beweis dafür erhalten sollte, dass J. M. H. umgekommen war, dann würde ich ihr diese Nachricht immer noch so schonend wie möglich beibringen können.

Ich fand Viola auf ihrer Couch liegend, sie litt körperlich und seelisch Schmerzen. »Diese arme kleine Miss Hart ...«, begann sie kraftlos.

»Ja, Liebes, was ist mit ihr?«

»Meinst du nicht, dass sie wirklich mit Chris Kontakt aufnehmen könnte? Du weißt doch, was Mrs. Saxton gesagt hat.«

Ich nickte. »Das ist schwer zu sagen«, antwortete ich ermutigend. »Überlegst du dir, es selbst zu versuchen?«

»Ich habe das Gefühl, ich würde sie gerne sehen – meinst du, du könntest sie einmal anrufen?«

Ich ging zum Telefon, und sogleich konnte ich mit Miss Hart sprechen, beziehungsweise sie sprach überwiegend zu mir.

»Wie gut, dass Sie anrufen ... Ich habe Sie so dringend sehen wollen, aber ich habe mich nicht getraut ... Sind Sie ganz sicher, dass ich nicht störe, wenn ich einmal vorbeikomme? Ganz sicher? Und wäre es auch für Mrs. Broadbent nicht zu anstrengend ...? Ich weiß, dass sie sich nicht wohl fühlt, und wenn es ihr nicht gutgeht ... Ich denke, ich bleibe besser nicht zu lange. Vielleicht komme ich nur für eine Viertelstunde herein? Oder ist das zu lang? Soll ich ...«

»Mein Gott!«, rief ich, als es mir schließlich gelang, den Hörer wieder einzuhängen.

Miss Hart kam noch am selben Nachmittag; eine nachdenkliche, ruhelose, gesprächige kleine Frau unbestimmbaren Alters, in jeder Hinsicht völlig unmodern. Ich hatte nicht vorgehabt, bei dem Gespräch anwesend zu sein, aber ich blieb doch hängen.

Sie war in einem Durcheinander von Hoffnung, Zweifel, Sehnsucht und Verstörung. Sie setzte sich neben meiner Frau nieder, wie ein Kind, das einem eine wichtige Geschichte erzählen wollte, aber in der Tat hatte sie damit schon lange angefangen, bevor wir sie bitten konnten, Platz zu nehmen.

»So eine liebe Frau ... so freundlich ... hat nur fünf Shilling für die Sitzung von mir verlangt, weil ich erwähnt habe, dass ich nicht reich bin und diese Kopfschmerzen habe ... die liebe Chris hat da so wunderbar helfen können – eine Berührung wie von Zauberhand ... du meine Güte ... aber ich darf Sie nicht traurig machen, Mrs. Broadbent ... Lassen Sie mich nachdenken, was wollte ich sagen? ... O ja, dieses Medium ... und nur fünf Shilling ... war das nicht lieb von ihr? Und dann sagen die Leute, dass Medien nur hinter dem Geld her wären. Sie hat Chris beschrieben – oh, ich bin sicher, dass es Chris war – ihr weißes Haar, das blaue Kleid, das sie abends anzuziehen pflegte, ihre lustigen kleinen Eigenheiten, ihr Lächeln – alles … und sie sagte, Chris ließe mich lieb grüßen und sagte, sie wäre in Wirklichkeit nicht weit fort, und …«, plötzlich brach ihre Stimme und ihre Augen füllten sich mit Tränen – »und dann hat Mr. Clegg alles verdorben – und er sollte doch ein so gutes Medium sein!«

»Verdorben?«, fragte Viola aufgeregt. »Wie meinen Sie das?«

»Als ich ihm hinterher davon erzählte – wissen Sie, ich treffe mich oft mit ihm – sagte er, Chris wäre eine so weit entwickelte Seele und wäre auf eine derart hohe Ebene weitergegangen, dass es unmöglich für sie wäre, solche Kontakte aufzunehmen! Das wäre nur ihre astrale Hülle, was das Medium gesehen hätte … stellen Sie sich vor, nur ihre astrale Hülle … ich war mir so sicher …«

»Ich hätte gedacht«, unterbrach ich sie vorsichtig, »dass eine Seele, je höher sie steht, desto mehr Mitgefühl besitzt und desto mehr auch versuchen würde, jene zu trösten, die sie zurückgelassen hat.«

»Oh, Mr. Broadbent«, rief die gefühlvolle kleine Frau unter Tränen, »meinen Sie das wirklich?«

»Ich weiß nicht, wie es anders sein sollte«, antwortete ich. Dann entschuldigte ich mich und suchte die Flucht.

Hinterher wunderte ich mich doch, dass ein Mann wie Harold Clegg nicht mehr Verstand hatte, als seine Vermutungen über das Nachleben von Chris einer Frau wie Miss Hart auf die Nase zu binden. Warum hätte er ihr nicht ihr kleines Stückchen tröstender Illusion lassen können, statt es ihr so brutal wegzureißen? Und nun war natürlich Viola mitbeteiligt. Sie hatte Harold Clegg oft in »The Pines« getroffen und war von seiner Hellsichtigkeit beeindruckt; und so würde sie wohl dazu neigen, dem, was er so unüberlegt geäußert hatte, Glauben zu schenken.

Meine Befürchtungen erwiesen sich nur zu bald als berechtigt. Als Miss Hart gegangen war, sagte Viola deprimiert: »Ich fürchte, da gibt es auch keine Hoffnung mehr … Ich hatte einen Augenblick gedacht – aber wenn Harold Clegg in Bezug auf Chris nicht recht gehabt hätte, hätte er sie ja auch selbst ohne Medium sehen können.«

»Nicht unbedingt«, erwiderte ich. »Sie hatte ihn wohl gerne, aber eine echte Verbindung zwischen ihnen hat es nicht gegeben. Sie würde viel wahrscheinlicher Menschen erscheinen, die sie wirklich liebten, als einem Mann wie ihm, der dachte, sie sei Gott weiß wohin gegangen – auf die Venus oder die Plejaden. So ein Quatsch!«

Sie lachte traurig. »Miss Hart möchte, dass ich auch zu ihrem Medium gehe. Sie scheint zu denken, dass ich sagen könnte, ob es wirklich Chris war oder nicht. Ich habe ihr erwidert, ich sei inzwischen in dieser Beziehung stockblind, aber …«

»Wenn es die kleine Frau irgendwie glücklicher macht«, fiel ich ein, »dann würde ich gehen.«

Und es endete damit, dass auch ich ging.

Es war ein merkwürdiger kleiner Raum an einer ziemlich schmutzigen Straße. Nichts Exzentrisches umgab das Medium, das sich »Euphonia« zu nennen beliebte. Sie leistete sich auch keinen Hokuspokus oder pseudo-okkultes Gehabe. Sie besaß diese eigentümliche mediale Gabe und wollte uns damit helfen, so gut sie konnte.

Nachdem sie sich einige Minuten in einem Sessel entspannt hatte, wurde sie von einer Reihe von Zuckungen geschüttelt; plötzlich saß sie dann kerzengerade und rieb sich die Hände mit lebhafter Zufriedenheit. »Schneeflöckchen«, der Kontrollgeist des Mediums, war »durchgekommen« – ein kleines Indianermädchen, wie sie uns später mitteilte.

Schneeflöckchen war entzückend, voller Scherze und sprachlicher Wunderlichkeiten. Sie redete mich als »Mr. Mann« und Viola und Miss Hart als »Lady« an.

»Uh«, sagte sie und wandte sich zu Viola, »was für hübsche Farben sind um deinen Mr. Mann; der ist keine billige Seele, nein, ist er nicht … er liebt diese Seite sehr, er tut viel Arbeit außerhalb seines Körpers und auch viele Arbeit im Körper … wir kennen ihn schon lange, schon lange… er ist in Verbindung mit den großen Meistern … ich mich fühlen wie ein kleines Wurm …«

»Komm, komm«, protestierte ich, »willst du, dass ich noch rot werde, oder was?«

Sie lachte hell auf. »Haha, wenn du dunkle Haut hättest wie ich, dann könntest du nicht rot werden!« Dann wurde sie auf einmal ernst.

»Oh, Lady, du hast auch schöne Aura, aber so traurig … du hast viel gelitten … ich fühle ganz zum Weinen … und andere Lady auch … immer so traurig, so traurig – liebe Freundin hat Schneeflöckchen schon einmal gesehen – weißes Haar, blaues Kleid, liebes Lächeln – sie ist auf diese Seite herübergekommen und hat viel Traurigkeit hinter sich gelassen – aber macht nichts …«, sie rieb sich die Hände; »ich und mein Medium, wir wollen sehen, was wir tun können.«

Sie schwieg und dachte eine Weile nach, um dann fortzufahren: »Schöne kleine Lady ist jetzt hier – aber«, sie schüttelte den Kopf, »sehr schwierig – sehr schwierig – kleine Lady sehr große Seele – Schwingungen zu rasch für armes kleines Medium. Aber wir wollen versuchen, wir wollen versuchen – Schneeflöckchen hilft …« Das Medium sank in den Sessel zurück und blieb eine Zeit lang regungslos.

Wieder richtete sie sich auf; dieses Mal gab es keine Zuckungen, aber ihr Herz schlug so rasch, dass ich es von meinem Platz aus hören konnte. Chris, wenn es wirklich Chris war, streckte ihre Hände zu einer Geste aus, die ihre gewesen sein könnte, und gab eine Hand Viola und die andere Miss Hart. Dann sprach eine sehr schwache Stimme, die weder derjenigen von Schneeflöckchen noch der ihres Mediums glich: »Nun, da wären wir wieder …«

Viola zuckte zusammen: Chris würde niemals so einen Ausdruck gebraucht haben.

»Ihr habt gedacht, ich würde euch so einfach sitzen lassen« – ein weiterer Ausdruck, der ihr überhaupt nicht entsprach –, »aber das hätte ich nicht übers Herz gebracht. Ihr wolltet mich, und so habe ich versucht zu kommen … Es ist wie in alten Zeiten, nicht wahr?«

»Chris, Liebling, bist du glücklich?«, fragte Miss Hart und versuchte, ihre Gefühle unter Kontrolle zu halten.

»Na ja«, antwortete sie mit mattem Lächeln, »ich sollte es schon sein, wenn nicht alle so traurig wären.«

»Sie meinen Ihre lahmen Hunde?«, fragte Viola sanft.

Sie schauderte: »Es ist alles so ein Schlamassel!«

Viola zuckte wieder zusammen, aber ich merkte, dass sich der Ausdruck auf den schlimmen Zustand der Aura jener bezog, die so trauerten.

»Ich muss gehen«, sagte Chris abrupt, »die Kraft geht aus.« Sie nahm meine Hand und drückte sie. »Lieber Freund«, murmelte sie, »jetzt habe ich gar keine Zeit gehabt, mit Ihnen zu sprechen …« Das Medium sank in den Sessel zurück.

Niedergeschlagen und erschöpft verließ Viola den Sitzungsraum. Gefühlsmäßig, besonders in den ersten Augenblicken, als Chris erschien, um die Kontrolle über das Medium zu übernehmen, war sie überzeugt worden, aber intellektuell war sie abgestoßen von dem, was wie eine vulgäre Karikatur unserer Freundin erschien.

»Diese schreckliche Ausdrucksweise …«, erinnerte sie mich.

Doch von der Hoffnung auf bessere Resultate getragen, ging sie wieder und wieder zu dem Medium. Ein Gefühl geradezu überwältigender Liebe wurde fast immer übermittelt, aber wenn es Ausdruck finden sollte in Schneeflöckchens entliehener wunderlicher Redeweise oder der des Mediums selbst, war die Wirkung erschüttert.

»Es ist so eine Qual …«, gestand Viola mir: »Chris – und doch nicht Chris. Chris, ganz verdeckt von der Persönlichkeit des Mediums …«

Nie erhielten wir irgendetwas wirklich Überzeugendes oder Erklärendes in Bezug auf das Leben und Tun unserer Freundin auf den anderen Ebenen. Statt einen Eindruck von der Freude und Schönheit dieser Bereiche zu geben, schien sie reichlich mitgenommen von der Dunkelheit und Traurigkeit der irdischen Umstände zu sein, die sie zwangsläufig berührte, wenn sie das Opfer brachte, in die dichtere Materie hinabzusteigen, um durch das Medium zu sprechen. Dass es ein Opfer bedeutete, davon war Viola allmählich überzeugt. Obwohl Chris offenbar heroisch versuchte, die Verbindung aufrechtzuerhalten, die sie zum Wohle ihrer bekümmerten Freundin aufgebaut hatte, glich sie mit der Zeit immer weniger sich selbst, als ob sie sich in größere, immer weitere Entfernung zurückzöge, bis schließlich Viola das Gefühl hatte, es sei nicht länger zu rechtfertigen, sie aus jenen Sphären zurückzurufen, wo zweifellos alles Freude war, und allmählich dahin gelangte, die Sitzungen ganz aufzugeben.

Einige Zeit später rief Euphonia Viola an und bat sie, zu kommen und sie aufzusuchen, da sie, wie sie selbst sagte, »ordentlich in der Klemme säße« … In mehreren Fällen, in denen sie – beziehungsweise vielmehr Schneeflöckchen, die durch sie arbeitete – sich sehr eingesetzt hatte, um Hilfe zu vermitteln, hatte sie elend versagt. Die angebotene Hilfe von oben hatte nur noch größere Verwirrung angerichtet, und Prophezeiungen waren nie in Erfüllung gegangen. Die arme Euphonia, eine eigentlich wahrheitsliebende Frau, war in einem schlimmen Zustand. War sie am Ende nichts weiter als eine unbewusste und unfreiwillige Betrügerin? Sie selbst schien sich nicht dessen bewusst, was gesagt wurde, wenn Schneeflöckchen die Kontrolle über sie hatte, aber natürlich fühlte sie sich verantwortlich für das, was durch sie gesprochen wurde; und wenn nun ihre Gabe nur missbraucht worden war, um Schabernack zu treiben und die Menschen zu enttäuschen? Kurzum, würde Viola, eine ihrer sympathischsten Kundinnen, ihr den Gefallen tun, zu einer Sitzung zu kommen? Sie würde nicht im Traum an eine Bezahlung denken, obgleich die arme Euphonia praktisch selbst »pleite« war ... Alles, was sie sich wünschte, war diese Chance, ihre Kräfte zu testen und sich zu vergewissern, dass sie sie nicht ganz verlassen hatten. »Wenn Schneeflöckchen nichts für Sie tun kann«, fügte das Medium hinzu, »dann kann sie für niemanden mehr etwas tun, und ich kann dann meinen Laden ebenso gut dicht machen.«

Viola war gerne einverstanden, ihr diesen Gefallen zu tun. »Ich kann mir gut vorstellen, in was für einer Hölle die arme Frau sich fühlen muss«, meinte sie.

»Vielleicht, weil du nun aus rein selbstloser Motivation zu ihr gehst«, zog ich sie auf, »bekommst du jetzt etwas zu hören, was sich wirklich lohnt.«

Sie zuckte die Schultern und lachte. »Ich habe alle Hoffnung aufgegeben. Aber ich kann Euphonia nicht enttäuschen; sie hat selbst alles für mich getan, was in ihren Kräften stand.«

Da schoss mir plötzlich ein Gedanke durch den Kopf: Warum sollten wir nicht jemanden bitten, der hellsichtig war, bei der Sitzung anwesend zu sein? Da wäre Harold Clegg. Auch wenn seine Aussagen nicht immer ganz korrekt sein mochten, besaß er doch vermutlich genügend hellseherische Fähigkeiten, um der armen Frau in ihrer Not helfen zu können. Warum sollte die Sitzung also nicht in der vielleicht etwas besseren Atmosphäre unseres eigenen Hauses stattfinden, und man könnte auch Lyall Herbert bitten zu kommen, um das Medium mit ein wenig Musik »auf die Reise« zu schicken ...

Lyall Herbert hatte die Karfreitagsmusik aus »Parsifal« gespielt, das Medium war in Trance versunken, und Schneeflöckchen übernahm die Kontrolle.

»Uh«, fing sie an und rieb sich wie üblich die Hände, »was für eine hübsche Musik, und war für eine schöne Atmosphäre ist doch in diesem Haus – hier ich fürchte mich nicht … Und drei Männer sind da – so eine Ehre …« Dann begann sie zu stöhnen. »Oh, aber mein armes Medium, sie sehr traurig, sie hat bösen Schlag in Bauch bekommen – ich habe falsche Sachen zu Mrs. Lady und Mr. Mann gesagt, die Medium kennt, und Mrs. Lady und Mr. Mann sind sehr ärgerlich … wir haben versucht, die Wahrheit zu sagen, aber manchmal nicht leicht … so viel astraler Staub, macht alles so dunkel, wir können nichts sehen … und manchmal haben Geistführer mich absichtlich Fehler machen lassen, wegen der Entwicklung der Seelen von Lady und Mann … Aber jetzt sagt bitte meinem Medium, dass sie kein Betrüger – sie sich keine Sorgen mehr machen …«

Darauf fragte ich sie, wie es ja schon Viola bei früheren Sitzungen häufig getan hatte, ob sie uns Neuigkeiten über J. M. H. geben könne. War er wirklich umgekommen, und wenn nicht, wo war er, und warum war er verschwunden? Aber sie schüttelte nur den Kopf und sagte, dass auch auf »ihrer Seite« man nicht alles wissen dürfe. Sie fuhr fort und teilte uns auf ihre eigene wunderliche Weise mit, dass die edlen Schwingungen der Musik, die Herbert gespielt hatte, es der »kleinen blauen Lady«, wie sie Chris nannte, ermöglicht hätten, kurz zu uns zu kommen. Selbst im Dämmerlicht konnte ich den Ausdruck selbstlosen Vergnügens auf Herberts Gesicht wahrnehmen und die Mischung von Überraschung und Sehnsucht bei Viola. Aber Chris sprach, als sie schließlich die Kontrolle übernahm, obwohl sie ihre Liebe überallhin zu verstrahlen schien, mit einer Stimme, die nicht mehr als der Hauch eines Flüsterns war.

»Ich werde nicht immer durch dieses Medium sprechen – ich suche und suche überall … jemand anderen, der die Verbindung zwischen uns sein soll – Ich bin gekommen, um euch zu sagen –«, und sie verschwand …

»Nun, was halten Sie davon?«, fragten wir Clegg, nachdem das Medium gegangen war.

»Schneeflöckchen hat gewiss recht«, antwortete er: »Die Zustände im Astralen sind zurzeit so aufgewühlt, dass alle mediale Arbeit sehr schwierig ist. Ich wage zu behaupten, dass eine größere Zahl der Medien vom Schlage Euphonias sich in der gleichen Klemme befinden.«

»Aber ich denke, wir haben es geschafft, ihre Selbstachtung etwas aufzubauen, indem wir ihr Schneeflöckchens Botschaft ausgerichtet haben«, sagte Viola.

»Ja, sie sah viel besser aus als bei ihrer Ankunft«, erklärte Herbert, und wir stimmten ihm alle bei.

»Während Herbert spielte«, fuhr Clegg fort, uns seine Eindrücke mitzuteilen, »sah ich das lustige kleine Indianermädchen über dem Medium schweben. Dann, plötzlich – schwupps! – und sie verschwand in ihrem Herz-Chakra wie ein bisschen Rauch, das in den Kamin hinaufgezogen wird.«

»Und was war mit Chris?«, fragte Viola eifrig.

»Während Schneeflöckchens Rede sah ich, wie sie auftauchte – o ja, es war wirklich Mrs. Portman« – Clegg hatte sie nie mit ihrem Vornamen genannt –; »sie stand etwas abseits, dort bei der Wand.«

»Ich dachte, Sie sagten«, fing ich an, »dass sie auf eine so hohe Ebene weitergegangen sei ...« Aber Viola gab mir ein Zeichen, nicht zu unterbrechen.

»Als die kleine Indianerin sich zurückzog, versuchte Mrs. Portman, die Kontrolle über die Aura des Mediums zu erlangen und gewissermaßen ihre Gedanken auf sie zu übertragen; aber sie hat nie die Kontrolle über Euphonias Körper gehabt, wie es bei Schneeflöckchen der Fall war. Ich glaube nicht, dass sie dazu imstande gewesen wäre. Es schien ihr schwer genug gefallen zu sein, das zu tun, was sie tat, mit der Hilfestellung von Schneeflöckchen. Das Ganze war gewissermaßen eine Mischung von Portman, dem Medium und ihrer kleinen Geistführerin.«

»Das entspricht genau dem, was ich immer gefühlt habe«, rief Viola, »die liebevolle Zuneigung von Chris – aber dann, wenn sie versucht, sich in Worten auszudrücken ...«

»Als versuchte man, mit dicken Handschuhen Klavier zu spielen ...«, meinte Herbert, und strich mit seinen langen Fingern an der Seite seines sensiblen, »chopinesken« Gesichts herunter – eine für ihn typische Geste.

»Das ist genau das Bild, das ich suchte, aber nicht finden konnte«, bestätigte Viola.

»Ich denke immer, dass es ein Jammer ist«, bemerkte Clegg, »dass Medien nicht unternehmungslustiger sind. Sie haben diese Begabung, aber sie beschäftigen sich nicht mit der Wissenschaft der Medialität. Diese gute Frau hatte keine Ahnung, was wirklich vor sich ging.«

»Und Sie sind neulich auch etwas zu weit gegangen, alter Junge ...«, konnte ich mir nicht verkneifen. »Wer war es schließlich, der sagte, Chris sei so hoch aufgestiegen, dass die Kommunikation mit ihr unmöglich sei?«

Er lachte entschuldigend. »Ich habe mein Gehirn statt meiner medialen Fähigkeiten gebraucht.«

»Gehirne können sehr irreführend sein«, warf Herbert trocken ein.

»Sie haben Miss Hart fast das Herz gebrochen«, sagte ich noch, aber der psychologisch unbegabte Clegg verstand nicht, was ich meinte.

»Das ist das Problem mit einigen Leuten, die hellsichtig sind. Sie können sich nicht in die Lage derer versetzen, die nicht so sehen können ...«, bemerkte Viola, als er gegangen war. Doch dann, recht nachdenklich: »Ich frage mich wirklich, wer diese neue Verbindung sein wird, von der Chris sagte, dass sie sie für uns finden wird ...«

4 · Nachhall einer verstummten Stimme

Aber ich bin der tatsächlichen Folge der Ereignisse zuvorgekommen.

An dem Tag, an dem ich den bedeutsamen Brief von Arkwright erhielt, rief ich Toni Bland und Lyall Herbert an und bat sie, mich zu besuchen; ich fühlte mich gedrängt, ihnen die Neuigkeiten beizubringen, für den Fall, dass sie es nicht selbst schon von einem anderen Schüler direkt erfahren hatten.

Lyall Herbert war sichtlich betroffen, als ich ihm Arkwrights Brief vorlas; Toni jedoch schloss nach dem ersten momentanen Schrecken die Augen, wie es seine Gewohnheit war, und es gelang ihm sofort, uns Mut zuzusprechen:

»Letzten Endes«, meinte er nachdenklich, »bleibt ein Meister ein Meister, ob er nun vorübergehend seinen physischen Körper verliert oder nicht.«

»Aber ein Meister geht nicht einfach fort und lässt sich auf solche Weise töten«, warf Lyall ein. »Es ist eines, zuzulassen, dass man in einer großen Sache gekreuzigt wird, aber etwas ganz anderes, einen vollkommen gesunden physischen Körper bei einem Eisenbahnunglück zu verlieren.«

»Nehmen Sie damit nicht das Schlimmste an, bevor wir überhaupt wissen, ob es tatsächlich zutrifft?«, fragte Toni.

»Ich weiß wirklich nicht, was ich damit anfangen soll«, erklärte ich. »Die ganze Geschichte stößt mich völlig vor den Kopf. Als ich diesen Brief las – ich scheue mich nicht, es Ihnen zu gestehen –, war meine erste Reaktion, dass ich anfing zu zweifeln.«

»Woran zu zweifeln?«, fragte Toni.

»Nun, ich fragte mich, ob J. M. H. wirklich all das war, was wir gemeint hatten!«

»Das Gefühl habe ich selbst ein wenig«, bemerkte Lyall, »so peinlich es mir auch ist.«

Toni lächelte. »Könnte das Ganze nicht eine Frage von Zyklen sein?«, schlug er vor.

Wir konnten ihm nicht folgen.

»Sie erinnern sich doch an den Adepten, der unter dem Namen Graf von Saint-Germain bekannt wurde, kurz vor der Französischen Revolution?«

Ich nickte.

»Nachdem er in Paris gewirkt und sich dort sogar, wie es J. M. H. einst in London getan hat, unter die Gesellschaft gemischt hatte, ist er da nicht auch auf geheimnisvolle Weise verschwunden?«

»Das ist wohl wahr«, gab Herbert zu.

»Ja, aber warum?«, fuhr Toni fort. »Ich habe den Gedanken, es könnte sein, weil Adepten in Zyklen wirken, und wenn ein bestimmter Zyklus zu Ende geht, ist es notwendig, dass sie ihre Vorgehensweise ändern und dann irgendeine andere mögliche Erscheinungsform wählen.« Er öffnete die Augen wieder und blickte mich an. »War es nicht um 1908, dass J. M. H. London verließ?«

»Ungefähr«, bestätigte ich.

»Und es war ungefähr zwölf Jahre später, dass wir ihn in Amerika wiedersahen; ich kam dort wenige Monate, nachdem Sie, Broadbent, abgereist waren, an. Hat J. M. H. uns je gesagt, was er in der ganzen Zwischenzeit getan hat?«

»Mir hat er gewiss nichts darüber gesagt«, antwortete ich. »Er schien dort ganz gut etabliert mit seinem Schülerkreis, als ich ankam, aber wie lange er dort schon gewesen ist, hat er nie gesagt.«

»Nun, denken Sie, er wird jemals wieder auftauchen?«, fragte Lyall. »Das ist es, worum es mir geht. Ich habe mich in diesen harten Zeiten abgerackert, um genug Geld zu sparen, um wieder nach Boston zurückzukehren, und jetzt ...« Er brach ab, und ich konnte spüren, was er fühlte.

»Aber hat er das jemals vorgeschlagen?«, fragte Toni lächelnd.

»Nein, jetzt, da ich darüber nachdenke, fällt es mir erst auf!«

Toni schüttelte den Kopf. »Es ist eine riskante Sache, solche Pläne zu schmieden, wenn es um einen Guru geht. Als J. M. H. mir schrieb, mich nach Boston einlud und mir die genaue Zeit angab, telegrafierte ich eilends zurück und fragte, ob ich nicht auch einen Monat früher kommen könne. Die Antwort war ein knappes, unzweideutiges ›Nein‹, ohne jede Erläuterung. Als ich schließlich ankam, tadelte er mich, weil ich dieses Telegramm geschickt hatte. Seit damals habe ich meine Lektion gelernt.«

»Und doch, ich muss schon sagen«, warf ich ein, »bekomme ich Berge von Briefen, in denen ich gebeten werde, eine Begegnung mit J. M. H. zu arrangieren, aber selbst wir, seine Schüler, können nicht eine Minute früher, als er es entscheidet, hingehen und ihn aufsuchen. Bei einer Gelegenheit wagte ich, ihm einen Brief von einer sehr hartnäckigen Leserin weiterzuleiten, und er antwortete: ›Mein Sohn, ich dachte, Sie hätten genügend Intelligenz, um zu erkennen, dass ich einer Frau, die so von ihrer eigenen Wichtigkeit in Anspruch genommen ist, nicht die geringste Hilfe sein kann ...‹ Das war ein unangenehmer Fall, aber er traf den Nagel auf den Kopf.«

»Und jetzt kann ihn keiner erreichen«, grübelte Lyall mit einiger Bitterkeit. »Ich muss schon sagen: Ich finde, das ist verflucht hart gegen alle seine Schüler. Wenn er nicht ums Leben gekommen ist, hätte er zumindest etwas tun können, um diesem Gerücht ein Ende zu setzen – irgendwie –, statt uns alle so leiden zu lassen. Das scheint ein sehr seltsames Verhalten für einen Adepten zu sein.«

»Seltsam oder nicht«, sagte Bland mit für seine Verhältnisse überraschend viel Entschlossenheit, »es gibt eines, was wir gewiss nicht tun dürfen, und das ist, zuzulassen, dass alle diese Spekulationen uns in nutzloses und isolierendes Zweifeln verwickeln. Ob tot oder lebendig, *geistig* wird J. M. H. sich niemals von uns trennen; aber wir werden uns selbst von ihm trennen, wenn wir anfangen, das Vertrauen zu verlieren, sobald er etwas tut, was wir uns nicht erklären können. Denken Sie daran, *Zweifel* errichtet eine Barriere, die zu überwinden selbst einem Meister nicht erlaubt ist, und er wäre möglicherweise auch nicht imstande, sie zu überwinden.«

Danach beschloss ich mehr oder weniger im Stillen, dass ich unserem Guru treu bleiben würde, was immer auch geschehen möge, und ich glaube, Herbert entschied sich ebenso. Was Toni anging, so schien die Frage des Zweifels ihn überhaupt nicht zu bekümmern;

zumindest hatte es diesen Anschein. Aber dann – so sehr ich ihn inzwischen auch mochte und bewunderte – gab es da immer noch etwas an ihm, das mich verblüffte. Auf jeden Fall diente der Schock, den wir erlitten hatten – und nur, wer in persönlichem Kontakt mit einem Guru gewesen ist, kann verstehen, wovon ich spreche –, dazu, uns drei enger miteinander zu verbinden, und wir fühlten uns veranlasst, uns häufiger zu treffen und über den zu sprechen, der uns so viel bedeutete.

Etliche Wochen waren ins Land gegangen, und Arkwright, der muntere amerikanische Schüler, der bereits im zweiten Band meiner Eindrücke vorkam, war in England angekommen und wohnte bei uns im Haus. Natürlich bezog sich eine der ersten Fragen, die ich ihm stellte, auf J. M. H. – gab es inzwischen irgendwelche Neuigkeiten?

»Keine Spur!«, erwiderte er.

»Aber Sie persönlich denken immer noch, dass er nicht ums Leben gekommen ist?«

»Manchmal ja, und manchmal nein. Was so merkwürdig an der Sache scheint, ist der Umstand, dass niemand etwas über den Mann weiß, der bei dem Eisenbahnunglück getötet wurde; kein Angehöriger oder Freund ist hingegangen, um ihn zu identifizieren. Dr. Moreton stellte alle möglichen Nachforschungen an.«

Dann fragte ich ihn, wie die Schüler auf den Verlust reagiert hätten.

»Manche haben gezeigt, was für einen guten Charakter sie besitzen«, erklärte er großzügig. »Nur weil J. M. H. nicht zur Stelle war, legten sie wirklich los und gaben sich Mühe voranzukommen. Andere aber …« Er zuckte die Schultern. »Das Problem mit uns da drüben ist, dass wir so wild nach Persönlichkeiten sind. Wenn ein Kerl vorbeikommt, der auch nur für 5 Cent Ausstrahlung besitzt und ein neues Kunststück vorführt, dann rennen wir ihm nach wie eine Horde Kinder hinter Süßigkeiten. Ich habe den starken Verdacht, dass J. M. H. Heddon angewiesen hat, das Werk weiterzuführen, nachdem er gegangen ist, aber weil dieser natürlich nicht die starke Persönlichkeit besitzt, haben sich manche der Schüler, besonders die Frauen, nicht bereit gefunden, sich umzuorientieren. Ha, Sie wissen ja, J. M. H. hat uns genug gelehrt für ein ganzes Leben, wenn wir wirklich anfingen, es in die Praxis umzusetzen. Aber die Idee, das Zentrum als einen Ort für Studium, Gedankenaustausch und gegenseitige Ermutigung zu erhalten, hat nicht jedermann angesprochen, und so ist unsere Zahl bereits im Abnehmen begriffen.« Er hielt einen Augenblick inne und zündete sich eine Zigarette an.

»Eine oder zwei Frauen haben sich an selbsternannte vedantische Swamis gehängt, andere hat es nach Kalifornien verschlagen, wo sie herausfinden wollen, ob Krishnamurti ihnen etwas zu geben hat. Vielleicht haben Sie schon von ihm gehört, vielleicht nicht ... Jedenfalls ...« Aber an dieser Stelle stürmte mein kleiner Sohn in das Zimmer, und im nächsten Augenblick benahm sich Arkwright wie ein Schulknabe beim Spielen.

Ich habe nie herausgefunden, was Mrs. Saxton veranlasste, von Zeit zu Zeit bei uns hereinzuschauen, wenn es nicht der unwiderstehliche Drang ihres Machtkomplexes war, den sie auf Kosten meiner armen Frau ausleben musste. Bei dieser Gelegenheit jedoch schien sie einen wichtigeren Grund gehabt zu haben, als lediglich ihre überlegenen Meinungen zu unserem Nutzen und Frommen weiterzugeben.

»Kein besonders angenehmer Tag«, begrüßte sie Arkwright originell, nachdem sie ihm die Hand geschüttelt hatte.

»Nun, ich denke, das schlechte Klima, das Sie hier haben, ist ja einigermaßen bekannt«, erwiderte er fröhlich, »und so bekomme ich nur, was ich sowieso erwartet hatte.«

Mrs. Saxton zeigte, dass sie, wie Königin Victoria, »nicht angetan« war, aber sie sagte nichts.

Um der Situation etwas von ihrer Spannung zu nehmen, deutete ich an, dass sie an der Esoterik interessiert sei.

»Ah, das ist gut!«, rief Arkwright. »Das ist es, was wir in dieser Zeit brauchen, in der die Religion vor die Hunde gegangen ist, die Mädchen ständig blau sind und dazwischen jede Nacht mit einem andern Burschen schlafen, und die alte Welt überhaupt ein einziges Schlamassel geworden ist.« Er blickte Mrs. Saxton so entwaffnend freundlich an, dass diese, wäre sie weniger hart und schockierbar gewesen, ihn auf der Stelle ins Herz geschlossen hätte.

»Ich stelle fest, dass der deprimierende Zustand der Welt weder Ihre Begeisterung noch Ihren Geist getrübt hat«, sagte ich lachend.

»Ich nehme an, ich bin weitgehend noch der gleiche alte Kauz – es gehört schon viel dazu, mich davon abzukriegen.«

»Warum ich eigentlich gekommen bin«, sprach Mrs. Saxton nun Viola mit unheilverheißender Stimme an, »war, um Ihnen eine Karte für Krishnajis Vortrag morgen Abend anzubieten. Ich hatte sie vor Wochen für Miss Hart gekauft – und es würde ihr so guttun, wenn sie es nur verstehen könnte, das arme Ding –, aber jetzt hat sie zu allem Unglück auch noch eine Bronchitis bekommen.«

»Oh, was für ein Jammer«, rief Viola voller Mitgefühl. Aber Mrs. Saxton schien das irgendwie mehr für skandalös als für bedauerlich zu halten.

»Und so ist die Wahl der zu Beglückenden denn auf Viola gefallen ...«, dachte ich bei mir.

»Sie werden natürlich Gebrauch von der Karte machen!« Mrs. Saxton machte den Eindruck, als ob Viola sich nun glücklich zu schätzen hätte, somit die Chance zu erhalten, von den verschiedensten doktrinären Aberglaubensaspekten befreit zu werden, mit denen sie noch verhaftet war.

»Es wird mir ein Vergnügen sein, die Karte zu nehmen«, pflichtete Viola bei. »Ich habe sein kleines gelbes Magazin gelesen, ihn aber nie selbst sprechen hören.«

»Das wird Ihre ganze Anschauung verändern«, teilte ihr Mrs. Saxton allen Ernstes mit.

»So, Krishnamurti ist also hier«, sagte Arkwright. »Ach, das ist doch der Bursche, der ...«

»Bursche?«, unterbrach ihn Mrs. Saxton und platzte fast vor Empörung. »Sein Antlitz ist das schönste überhaupt!«

Ich erklärte ihr, dass der Gebrauch dieses Wortes in der amerikanischen Sprache nichts Spöttisches an sich hatte, aber sie schien mir nicht zu glauben.

Arkwright lachte herzlich über seinen Fauxpas und versicherte ihr, dass er nicht im Geringsten daran gedacht hatte, ihre Gefühle zu verletzen oder zu beleidigen. »Ein feiner Bursche«, fügte er noch mit echter Bewunderung hinzu. »Habe ihn selbst drüben, zu Hause, bei einem Vortrag gehört. Orientalische Philosophie in okzidentalem Gewand. Wie Sie schon sagten, ein schönes Gesicht. Neigt etwas viel dazu, sich zu wiederholen – und wenn ein Bursche sich zu häufig wiederholt, geht einem das ein bisschen auf die Nerven.«

Das war genug für Mrs. Saxton, die sich hastig verabschiedete.

»Ich wette, selbst wenn sie mich nie wiedersehen wird, wird es ihr noch zu bald sein!«, meinte Arkwright lachend, als sie draußen war.

Aber ich versicherte ihm, dass es Toni Bland und anderen mit ihr schon ebenso ergangen war.

»Sie scheint wohl jede Art menschlichen Kontakts als ein Hindernis für die Befreiung zu betrachten …«, beobachtete meine Frau.

O Krishnaji! Du hast uns alle glauben machen, dass wir 1926 nach dem Glücklichsein strebten, 1927 nach Befreiung, 1928 nach Wahrheit, 1929 nach Einzigartigkeit; 1930 erschüttertest du unseren Glauben an Reinkarnation, Meister, Erlöser, und jetzt sprichst du von der Entfernung des »Ich«, des Egos, einem Zustand ohne Geburt und Tod, einem Leben, das für dich Sinn zu haben scheint, für uns aber keinen. Und doch redest du vom Erreichen, vom Erkennen, von einem Höhepunkt. Hat deine Erkenntnis dann progressiven Charakter – progressiv in dem Sinne, dass du viel zu sagen hast und deine Botschaft deshalb jetzt durch den Zustand der Unvollständigkeit zur Vervollständigung schreitet?

»Star Bulletin«, September 1931

5 · Krishnamurti – ein Problem

Viola war zum Vortrag Krishnamurtis gegangen, und wir bildeten ein Männerquartett: Toni Bland, Lyall Herbert, Arkwright und ich. Wir hatten über dem Dinner die Zeit vergessen, waren dann zum Salon hinübergegangen und hatten Lyall veranlasst, uns ein wenig Skrjabin zu spielen. Er stand gerade vom Klavier auf, als Viola zurückkehrte.

Wir waren natürlich sehr gespannt zu erfahren, was sie von dem Vortrag hielt, und ich fragte sie zum Spaß, ob sie nun bekehrt und zu seinem Anhänger geworden sei.

Sie lachte. »Nein, ich bin nur eine interessierte Zuhörerin. Die weiblichen Anhänger scheinen entweder solche zu sein, die sich danach sehnten, ihm die Mutter zu sein, oder solche, die, bezaubert von seinen Augenbrauen und seiner exquisiten Erscheinung, ganz andere Wünsche mit ihm hätten … Dann gibt es noch die große Menge der Unentschiedenen, die trotz ihrer unzureichenden mentalen Möglichkeiten Versuche anstellen, der Negativität seiner Lehre zu Leibe zu gehen.«

»Finden Sie es wirklich so negativ?«, fragte Lyall. »Nun, für mich jedenfalls ist er schlicht der Apostel der Negation«, antwortete sie, »wie Chris der Apostel der Freude war … Abgesehen davon ist er ein solcher Widerspruch: Erzählt den Leuten, dass sie für sich selbst denken müssten – was bis zu einem gewissen Punkt eine glänzende Idee ist –, und dann blockiert er alle Möglichkeiten individuellen Denkens. Er sagt uns, wir könnten das Ziel nicht erreichen durch Gottesdienst oder Kunst oder Schönheit oder die Hilfe von Meistern oder Ritualen, – warum denn nicht, um Himmels willen? Vielleicht braucht Krishnamurti persönlich keines dieser Dinge, aber was ist mit den anderen? Was ist, wenn sie entschieden, Gott durch die Kunst oder Schönheit oder sonst etwas zu suchen ...? All die alten Religionen und Philosophien (mit denen er sich überhaupt nicht beschäftigt zu haben scheint, nebenbei bemerkt, oder, falls er es wirklich getan haben sollte, hat er sie mit allem anderen gleich in den nächsten Mülleimer expediert) ... Jeder Lehrer seit unvordenklichen Zeiten hat gesagt, dass der Mensch, ganz gleich welchen Weg er einschlägt, Gott zu suchen, Ihn finden wird! Aber Krishnamurti zerstört nicht nur den Weg – oder die Wege –, sondern auch das Ziel. Das fängt schon damit an, dass man das Wort ›Gott‹ nicht verwenden soll ... Krishnamurtis höchste Realität ist nur eine nebulöse Abstraktion, die er manchmal ›Leben‹, zuweilen ›Wahrheit‹ nennt, die aber niemals irgendein Gefühl des Staunens oder der Freude vermittelt.«

»Oh, ihr guten Frauen«, sagte Arkwright, »ihr seid noch nie für Abstraktionen zu begeistern gewesen – das gehört zu eurer Psychologie. Was ihr wollt, ist ein netter, persönlicher, väterlicher Gott auf einer netten, dicken, goldenen Wolke, der scheffelweise dicken, saftigen Trost ausgießt, wann immer ihr danach schreit.«

»Das ist überhaupt nicht, was ich will!«, lachte sie. »Aber Sie müssen zugeben, ob Sie Dualist sind und einen Gott außerhalb und jenseits Ihrer selbst wollen, für den Sie sich bemühen und den Sie verehren können, oder ob sie ein Monist sind und sich selbst als das Eine Selbst, nämlich Geist – und ganz zu schweigen vom Herzen – erkennen wollen. Sie brauchen dazu ein Ziel, das *attraktiv* ist und mindestens das! Vielleicht denken Sie jetzt, es sei feige und schwach, nicht auf einer kahlen Bergspitze stehen zu wollen, von allem entblößt, in eisigem Sturm, während Sie sich eine Leere vorstellen – aber ich frage Sie: Lohnt sich denn so etwas? Wenn diese ›Vollkommenheit‹ Krishnamurtis gleichbedeutend sein soll mit Glücklichsein – was für eine farblose, kümmerliche Sache scheint es dann im Vergleich zu der Freude zu sein, von der Chris sprach, und die sie *lebte* ...! Sie hat Gott nicht vermenschlicht; Gott stellte sie jenseits der äußersten Reichweite menschlichen Denkens, aber nur, um zu zeigen, dass alles Schöne, Zauberhafte und Geheimnisvolle nur flüchtige Eindrücke oder Reflexionen einer Realität sind, die viel zu herrlich ist, um unverhüllt geschaut werden zu können ... Der Meister, der durch sie sprach, offenbarte Ihn als die universelle Liebe und Liebenswürdigkeit, nach der sich ein jeder sehnt, sei es ihm bewusst oder nicht – jeder nach seinem eigenen Begreifen –, und der jedem gemäß seinen individuellen Bedürfnissen begegnet. Er sagte: *Menschlicher Intellekt kann das Absolute nicht mehr begreifen, als das Insekt unter dem Fußboden einen Meister begreifen kann, aber das sollt ihr wissen, dass er ganz Liebe ist … und dass Liebe der Urgrund für das Universum ist, der Urgrund für eure eigene Existenz!*«

»Aber Krishnamurti leugnet die Liebe nicht – eine Zeit lang hat er sogar häufig darüber gesprochen«, warf ich ein.

»Ja, das war vielleicht einmal – aber heute ist es nicht mehr so: Und selbst wenn er es tut, kommt einem die Liebe, von der er spricht, so unpersönlich und vage vor, als hätte sie fast Angst vor sich selbst. Was war es doch für ein ganz anderes Gefühl, wenn Meister Koot Hoomi sagte: *Die Liebe, die ich für einen jeden von euch empfinde, das ist Gott …* und wieder: *Liebe und Wahrheit sind die Grundtöne des Universums – und Liebe ist Wahrheit, und Wahrheit ist Liebe …* Das entspricht doch gar nicht dem, was Krishnamurti sagt: *Wahrheit kann keinen Trost spenden …* Wie können Sie diese beiden Gesichtspunkte miteinander vereinen?«

»Wollen Sie das unbedingt tun?«, fragte Lyall.

»*Ich* persönlich nicht. Fünfzig Krishnamurtis könnten nicht die Vorstellung von den Meistern erschüttern, die wir von Chris vermittelt bekamen und vorher schon von J. M. H … Ich denke nur an die armen Teufel, die ähnlich ausgebildet worden sind, aber vielleicht nicht über unsere Hartnäckigkeit verfügen, daran festzuhalten. Auch sie sind gelehrt worden, dass die Meister ihre älteren Brüder sind, die in Liebe versuchen, sie in die ›Einheit mit dem Unendlichen auf höhere und immer höhere Ebenen‹ zu leiten … wie es der gute alte Leadbeater an irgendeiner Stelle gesagt hat. Und dann kommt Krishnamurti daher und erklärt ihnen, dass Meister nur Krücken sind; und so werfen sie ihre Krücken weg, torkeln vielleicht ein paar Schritte weiter auf der Suche nach ihrer ›Befreiung‹ und fallen dann auf die Nase. Bietet er ihnen etwa Flügel anstelle der Krücken an oder auch nur eine Methode, wie sie sich die Flügel selbst zulegen könnten? Nein! Dazu ist er nicht genug Psychologe, um ihnen sagen zu können, wo sie anfangen sollen. Er würde allen einfach das gleiche Rezept geben. *Was ich ge-*

tan habe, das könnt ihr auch tun … – ohne Rücksicht auf individuelle Unterschiede durch karmische Beschränkungen oder Entwicklungsstufen oder anderes. Chris dagegen – sie wusste, dass man keine zwei Menschen in der gleichen Weise behandeln kann: Das war das Geheimnis ihres Erfolges bei den Einzelnen – sie hat niemals der ganzen Gruppe Rizinusöl verpasst!«

Wir mussten lachen, aber Viola, die in ihrer jungenhaften Art im Raum auf und ab ging, war voll des empörten Mitgefühls, das der Vortrag in ihr geweckt zu haben schien.

»Das ist wahrlich alles zum Lachen … Ich möchte wohl sagen, dass es gut ist, dass die Menschen auf ihren eigenen Füßen stehen und selbst für sich denken«, fuhr sie fort. »Aber wie viele von denen, die so lange Zeit auf die Stimme einer Autorität gehört haben, wie sie ihnen von der Theosophischen Gesellschaft entgegenstrahlte, sind in der Lage, eigenständige Gedanken zu entwickeln oder haben die Gabe der Unterscheidung, um die Spreu vom Weizen zu trennen bei dem, was Krishnamurti lehrt?

Ihr solltet den Gesichtsausdruck einiger Zuhörer bei dem Vortrag gesehen haben, wie sie sich so hart und gewissenhaft angestrengt haben, dem Weltlehrer in die rauen Höhen der Herrlichkeit zu folgen, und dann – jedenfalls, wenn sie ehrlich mit sich selbst waren – feststellten, dass es für sie da oben keinerlei Herrlichkeit gab – nur Leere! Man konnte an dem verwirrten Blick in ihren Augen sehen, durch was für eine Hölle sie gingen – besonders die Frauen. Er hat ihnen alles weggenommen – Reinkarnation, Überleben des Todes, Wiederbegegnung mit ihren vorausgegangenen Lieben nach dem Tod, Hilfe und Mitgefühl der Meister – ja, die ganze spirituelle Struktur ihres Lebens –, und ihnen nichts dafür wiedergegeben als einen nebulösen Bewusstseinszustand, der für das Herz oder die menschliche Fantasie nicht im Geringsten attraktiv ist.«

»Ich kann dir nicht völlig zustimmen –«, begann ich, aber sie ignorierte meinen Einwand und fuhr fort, für jene einzutreten, die nach ihrer Vorstellung offenbar am meisten zu leiden hatten.

»Hoffnungslos tappen sie im Leeren herum, die armen Dinger! Sie sind zu fügsam und gehorsam, um Krishnamurti ganz abzutun und für die alten Ideale einzustehen, ganz unfähig zu begreifen, worauf er eigentlich hinaus will, um daraus wirklich Befriedigung zu erlangen. Sie haben weder Fantasie noch Initiative genug, um ihre eigenen Wege zu gehen …

Sie fragen sich, ob das, was sie bisher gelehrt wurden, nur eine hübsche Einbildung war; und das sind die Hirngespinste, die sie in ihren schlaflosen Nächten heimsuchen, und sehr scheußliche noch dazu. Es gibt nichts Verheerenderes, als jemandem mitzuteilen, dass das, was er glaubt, nicht wahr ist. Selbst ein Mensch, der an nichts anderes als an sich selbst glaubt, bricht zusammen, wenn dieser Glaube erschüttert wird … Wenn die frühere Lehre nur Einbildung war, was machen sie dann jetzt? Krishnamurti hat all ihre Orientierungshilfen zerstört; wenn sie nun wagen, mit irgendwelchen alten Begriffen zu denken oder zu arbeiten, wird ihnen auf die Finger geklopft. Sie rufen ihn an in der Hoffnung, dass er noch irgendeinen Trumpf im Ärmel hat – irgendetwas in seinen Lehren noch nicht zum Ausdruck Gelangtes, das es ihnen ermöglicht, das Alte mit dem Neuen zu vereinen – und werden jedes Mal enttäuscht: Was soll aus ihnen werden?«

»Vermutlich wird irgendein anderer auftauchen«, meinte Bland, »der den Versuch unternehmen wird, ihren Glauben an die Meister wiederherzustellen.«

»Das könnte zu spät sein; vielleicht werden sie dann nicht mehr darauf ansprechen können. Sie werden zu erschüttert sein, manche von ihnen zu alt. Man kann nicht den jahrelangen Glauben erschüttern, ohne auch die Kraft zu glauben zu beeinträchtigen – dessen bin ich mir ziemlich sicher. Manchmal frage ich mich, ob nicht die Meister selbst etwas traurig sind, wenn sie die Kluft sehen, die Krishnamurti zwischen sie und jene gräbt, deren Schritte sie einst lenken konnten … und jetzt«, fügte sie plötzlich fröhlich hinzu, »nachdem ich euch Löcher in den Bauch geredet habe, brauche ich ein Sandwich!« Sie winkte uns lustig zu und ging in die Küche.

»Ich schätze, der gute Krishnamurti hat sie irgendwie gereizt«, sagte unser Amerikaner amüsiert, doch nicht ohne Verständnis.

»Es hat ganz den Anschein«, bestätigte ich.

»Nun, wenn man seinen Guru und seine liebste Freundin verloren hat«, protestierte Herbert, »ist es ja nicht gerade der geeignetste Augenblick, um zu einem Vortrag von Krishnamurti zu gehen, der sowohl die Meister als auch das persönliche Überleben des Todes herabsetzt.«

»Ja, aber was keiner von Ihnen erkennt«, sagte Toni ernst, »ist, dass Viola, obschon sie ihre hellseherischen Fähigkeiten verloren haben mag, doch sehr medial ist. Sie ist geistig empfänglich für die sie umgebenden Umstände und verspürt den Drang, den kollektiven Gedanken und Gefühlen jener unglücklichen Frauen Ausdruck zu geben, die das nicht selbst können oder wagen.«

»Ein Punkt für Sie!«, pflichtete Arkwright bei.

»Ich persönlich habe mich immer besonders für Krishnamurtis Entwicklung interessiert«, bemerkte ich. »Dass er als Dualist angefangen haben soll, um dann ein vedantischer Monist oder Advaitist zu werden, ist höchst aufregend. Leider hat er seinen Advaitismus verwässert, anstatt aufs Ganze zu gehen. Uns nur zu verkünden, dass Wahrheit Glücklichsein ist oder gar ewiges Glücklichsein, ist nicht genug. Der echte Advaitist sagt, dass Wahrheit nämlich Absolutes-Sein-Wissen-Glückseligkeit ist ...«

»Ja, wenn er das gesagt hätte«, fiel Toni ein, »wäre der ganze Eindruck völlig anders. Aber beispielsweise zu sagen, *Wahrheit kann keinen Trost spenden*, ohne sogleich diese Aussage zu modifizieren, bedeutet nichts anderes, als die Menschen aufzuregen und sie unbefriedigt zu lassen. Wer sich selbst als jene absolute Glückseligkeit weiß, *braucht* keinen Trost, und das ist der springende Punkt!«

»Ich frage mich«, meinte Lyall nachdenklich, »ob er merkt, dass es Advaita ist, was er lehrt?«

»Fragen Sie mich nicht!«, erwiderte Arkwright.

»Er scheint so zu fürchten«, legte Lyall dar, »dass die Leute irgendwelche Stellen finden könnten, wo *seine* Philosophie sich mit *ihren* Glaubensinhalten berührt; das finde ich ein wenig seltsam.«

»Ob er es merkt oder nicht, die Tatsache bleibt doch«, sagte ich, »wie ich Ihnen leicht beweisen kann.« Ich nahm einen kleinen Stapel von *Star Bulletins*, die ich gesammelt hatte, und versuchte aufs Geratewohl, einige der Gedanken, die meine Frau so empört hatten, zu beleuchten: »Passen Sie auf:

›Es liegt keine spirituelle Errungenschaft darin, dass man einem anderen nachfolgt, sei es ein Führer, ein Lehrer oder Prophet … Einem anderen nachzufolgen, ist eine Schwäche … Ein Vermittler ist nur eine Krücke … Wahrheit liegt nicht in Auszeichnungen, in Gesellschaften, in Orden, in Kirchen …

Da ich frei von Überlieferungen und Glaubensgebäuden bin, möchte ich andere Menschen befreien von solchen Glaubensvorstellungen, Dogmen, Bekenntnissen und Religionen, die das Leben konditionieren.‹«

Ich ging zu meinem Bücherregal, nahm Vivekanandas Vorträge über Vedanta heraus und las vor:

»Nichts macht uns so moralisch wie der Monismus … Wenn wir niemanden haben, nach dem wir streben können, niemanden, dem wir all unsere Schuld aufladen können, wenn wir weder einen Teufel noch einen personalen Gott haben, dem wir all unser Böses anhängen können – dann werden wir aufsteigen zu unserem Höchsten und Besten … Pilgerreisen und Bücher, die Veden und Zeremonien können mich niemals binden … Ich bin der Glückselige Eine.«

Ich wandte mich wieder den gelben Magazinen zu und las weiter daraus vor:

»Das ›Ich‹ ist die Grenze der Getrenntheit … Durch ständige konzentrierte Anstrengung, jeden Augenblick des Tages, müsst ihr diese Mauer der Begrenzung beseitigen und so euch selbst in echter Freiheit des Bewusstseins aufrichten. Das ist Unsterblichkeit … das heißt, jenseits von Zeit und Raum zu sein, jenseits von Geburt und Tod zu stehen …«

Wieder fand ich bei Vivekananda:

»Höre Tag und Nacht, dass du jene Seele bist (oder das Eine Selbst). Wiederhole es, bis es dir in Fleisch und Blut übergegangen ist … Lasse den ganzen Körper erfüllt sein von diesem einen Gedanken: ›Ich bin die geburtlose, todlose, glückselige, ewig-herrliche Seele.‹«

Nach diesem verglichen wir zahlreiche weitere Abschnitte, zum Beispiel: *Ich behaupte, dass der Mensch grundsätzlich frei ist* (Krishnamurti). *Wir sind frei – die Vorstellung, gebunden zu sein, ist nur eine Illusion* (Vivekananda). *Das Glück liegt im äußersten Losgelöstsein* (Krishnamurti). *Verhaftet euch nicht* (Vivekananda). Und so weiter und so fort.

»Nun, ich denke, das ist recht eindeutig«, meinte Arkwright schließlich.

»Das Problem ist nur«, bemerkte Lyall, »dass Krishnamurti nicht den Dreh heraus hat, seine Ideen an den Mann zu bringen. Er mag wohl selbst wissen, was er meint, aber er kann es anderen nicht übermitteln. Ich fürchte, nur Leute, die vorher schon von einem Guru anständig ausgebildet worden sind, können wirklich begreifen, worüber er redet.«

»Ganz genau«, bestätigte Arkwright. »Und der Rest bekommt nur den Zertrümmerungsprozess mit, aber wenn es daran geht, was er ihnen statt dessen zu geben hat, sieht das Geschäft ganz anders aus. Wir wissen, worauf er hinaus will, weil wir Advaita mit J. M. H. studiert haben.«

»... der auch sagte – vergessen Sie das nicht«, fügte ich hinzu, »dass sie nicht die geeignete Lehre ist, um als das einzige Mittel zur Befreiung verbreitet zu werden.«

6 · Eine Pionierin der neuen Moral

Bücher dieser Art zu schreiben, in denen gewisse unkonventionelle Lehren vorgebracht werden und noch lebende Personen, kann dem Verfasser manche peinlichen Komplikationen einbrocken.

Vor vielen Jahren hatte ich eine Freundschaft mit einem Mädchen namens Gertrude Wilton. Ihr Vater war ein Archidiakon, dem J. M. H. helfen konnte; er war sogar an seinem Totenbett anwesend.[6] Aufgrund all dessen, was er für ihren Vater und sie selbst getan hatte, liebte Gertrude J. M. H. mit der Hingabe, die man einem Guru entgegenbringen kann – auch wenn es erst viel später war, dass sie erkannte, was dieser Begriff mit allen Konsequenzen bedeutete. Mit dreiundzwanzig war sie ein schönes Mädchen, aber als Frau, die nun auf die mittleren Jahre zugeht, ist sie für meine Begriffe sogar noch schöner.

Nach dem Tod ihres Vaters heiratete sie einen wohlbekannten Rechtsanwalt, und wir drei waren immer gute Freunde geblieben. Viele Jahre lang waren Getrude und ihr Mann außerordentlich glücklich miteinander, wenn auch Alfred – denn das ist der Name, den ich ihm geben will – seine Frau viel mehr liebte, als sie ihn.

Eines Tages dinierte ich mit ihnen und bemerkte, dass da irgendetwas nicht stimmte. Gertrude schien unruhig, und Alfred sah niedergeschlagen aus. Ich kannte sie gut genug, um sie geradeheraus fragen zu können, was schiefgegangen wäre; aber ihre nichtssagenden Antworten zeigten so deutlich, dass sie sich mir nicht anvertrauen wollten, dass ich den Wink akzeptierte und das Thema wechselte.

Aber ich hatte mich geirrt: Weit entfernt von dem Wunsch, sich mir nicht anzuvertrauen, machten sie mich nicht nur zur Zielscheibe ihrer Geständnisse, sondern bestimmten mich noch dazu zum Berufungsgericht ihrer Streitsache.

---

6 Siehe *Der Eingeweihte*, Kapitel 8/9.

Alfred und ich saßen allein bei unseren Zigarren zusammen.

Er räusperte sich. »Natürlich habe ich deinen Guru damals nicht gekannt, aber er hat einen großen Einfluss auf Gertrude – ich kann sogar sagen, auch auf mich, indirekt.«

Ich fragte mich, was jetzt wohl zum Vorschein käme, aber da ich keine passende Erwiderung zur Hand hatte, wartete ich ab.

»Hm«, meinte er dann, als ob er erst versuchte, die richtigen Worte zu finden. »Du hast gefragt, ob irgendetwas schiefgegangen ist ... Nun, das ist der Fall.

Ich bin von Natur aus kein eifersüchtiger Mensch. Ich stimme mit deinem Guru überein, dass solche Dinge unwürdig sind. Aber ich habe sehr viel dagegen, dass sich meine Frau mit einem nichtsnutzigen Kerl abgibt und sich in ganz London auffällig benimmt. Ja, er leiht sich sogar Geld von ihr.«

Ich bestätigte, dass dies etwas viel auf einmal sei.

»Sie erwartet von mir nicht nur, dass ich meine privaten Gefühle in dieser Sache herunterschlucke – und selbstverständlich muss ich mich zu ein paar natürlichen Instinkten bekennen, die allen Theorien spotten, obwohl ich mein Bestes versucht habe, sie zu bekämpfen –, aber sie geht auf meinen Standpunkt nicht im Geringsten ein. Nicht, dass ich ihrem Glück im Wege stehen wollte, aber schließlich darf ich meine eigene Position nicht außer Acht lassen! Wenn sie wenigstens diskret wäre ... aber sie ist auf die ganze Sache so stolz, dass sie es überall verkündet; sie hält sich für eine Pionierin oder Repräsentantin der neuen Moral, oder wie auch immer euer Guru das genannt hat.«

»Was ist daran attraktiv?«, fragte ich.

»Das weiß der Himmel ...« Er zuckte die Schultern. »In der Tat ist er ein sehr gut aussehender Mann, wenn auch auf eine weibische Art und Weise, die ich überhaupt nicht mag.«

»Hast du schon irgendetwas unternommen?«, fragte ich.

»Was sollte ich denn tun? Wenn ich protestiere, sagt sie, ich solle deine Bücher noch einmal durchlesen.«

Ich machte ein schiefes Gesicht. »Ich fürchte, du bist nicht der einzige Ehemann, der sich in einer solch misslichen Lage befindet als Folge meiner Bücher«, sagte ich, wie um ihn zu trösten. »Ich habe Briefe von anderen erhalten, die in einem ähnlichen Schlamassel stecken.«

»Hm …«, meinte er, »das hast du also … Nun, das ist die Situation, und ich will verdammt sein, wenn ich wüsste, was ich nun tun soll.« Er schwieg einen Augenblick. »Es ist richtig, dass sich verheiratete Leute ihre kleinen Fehler vergeben, aber das hier ist etwas ganz anderes. Dein Guru – jedenfalls, wie ich es aus deinen Büchern gelesen habe – hat unverhohlenen Egoismus nie gefördert.«

»Nein, natürlich nicht …«

»Das Problem ist, dass sie sich weigert zu erkennen, dass es Egoismus ist – sie redet nur davon, diesen Kerl zu bekehren, und lauter solchen Unsinn.«

»Wie sehr die Frauen doch das Bekehren lieben!«, rief ich lachend, aber er war in seine eigenen Gedanken versunken.

Dann sagte er vorsichtig: »Ich nehme an, du könntest deinem Guru schreiben und ihn bitten …«

»Mein lieber Freund«, unterbrach ich ihn, »ich wünschte, weiß Gott, ich könnte es, aber ich weiß nicht, wo er ist, noch ob er tot oder lebendig ist … Ja, um es geradeheraus zu sagen: Viola und mir ging es ziemlich miserabel die letzte Zeit – erst, weil sie ihre engste Freundin verloren hat, und nun ist auch noch J. M. H. verschwunden.«

Er gab seinem Mitgefühl Ausdruck und räumte ein, dass unter solchen Umständen sein Vorschlag natürlich zwecklos sei.

»Gleichwohl«, wagte ich anzubieten, »wenn du meinst, dass es irgendeinen Sinn hat, mit Gertrude zu sprechen –?«

Er lachte etwas bitter. »*Sie* wird es sein, die mit dir spricht, wenn du ihr nur die Spur einer Chance gibst!«

Ich fand Gertrude allein im Salon.

»Kommt Alfred nicht herauf?«, fragte sie.

»Er schreibt Briefe«, antwortete ich und unterließ es, ihr zu sagen, dass die Briefe nur ein Vorwand waren, um uns allein zu lassen. Ich setzte mich neben sie auf das Sofa.

»Ich nehme an, er hat es dir erzählt?«, meinte sie, fuhr aber sogleich fort, ohne eine Antwort meinerseits abzuwarten: »Ich dachte, Alfred zu verstehen, aber das tue ich offenbar nicht … Ich hatte von ihm erwartet, dass er sich ganz anders verhalten würde, aber jetzt ist es, als gäbe er mit der einen Hand und nähme mit der anderen.«

Ich sagte nichts und beschloss, ihr erst einmal das Reden zu überlassen.

Impulsiv wandte sie sich mir zu: »Ich habe so ein wunderbares Erlebnis gehabt ... Es *ist* wunderbar, weißt du, wenn man jemandem helfen kann, der es wirklich wert ist.«

Im Inneren lächelte ich, weil ich gerade vorher erfahren hatte, dass dieser wertvolle Mensch ein Geld pumpender Nichtsnutz war. »Nun, meinst du nicht, dass es so ist?«, trieb sie mich in die Enge.

Es blieb mir nichts anderes übrig, als ihr zuzustimmen.

»Basil ist so ein Schatz! Wenn Alfred das nur sehen könnte ...«

»Alle Menschen sind vorübergehend ›Schätze‹, solange wir in sie verliebt sind«, konnte ich mir nicht verkneifen.

»Du bist immer so schnippisch, Charlie«, tadelte sie mich; »ich meine es wirklich ernst. Ich kenne ihn aus einem früheren Leben – oh, ich bin ganz sicher. Gleich im ersten Augenblick, als wir uns begegnet sind – ich wusste es einfach. Du verstehst das doch bestimmt?«

Trotz ihres Liebreizes hätte ich es besser verstanden, wenn sie nicht so heftig gewesen wäre. Wenn Gertrude heftig wird, schalte ich ab, und sie weiß das.

»Wenn es einem obläge, sich allen Verbindungen aus früheren Leben erotisch verpflichtet zu fühlen –«, begann ich trocken, aber mit beträchtlicher Arroganz ignorierte sie meine Bemerkung.

»Kannst du denn nicht sehen, dass dies eine Chance ist – hm –, zu leben, was J. M. H. gelehrt hat? Das ist es doch, was ich Alfred immer sage ... Wenn ich Basil nicht das geben würde, ohne das er glaubt, nicht auskommen zu können, so würde er einfach weggehen müssen, wie er sagt; er wäre nicht imstande, es zu ertragen ...« Aber es war offensichtlich, dass diese Unfähigkeit auf Basils Seite, es ›zu ertragen‹, ihr mehr eine Quelle der Genugtuung denn des Bedauerns war.

»Und angenommen, er ginge fort?«, wollte ich wissen. »Was dann?«

»Oh, du bist so schwer von Begriff!«, rief sie. »Muss denn alles so schrecklich deutlich ausgedrückt werden? Habe ich dir denn nicht bereits so gut wie gesagt, dass – ähm – spirituell gesehen ...« Sie verstummte und zuckte die Schultern ob der offensichtlichen Hoffnungslosigkeit meines Falles.

»Was du mir anscheinend sagen willst, meine Liebe, aber nicht gerne sagen magst«, sprach ich und kam ihr zu Hilfe, »ist, dass du eine viel weiter entwickelte Seele bist als dieser Freund von dir, und bevor du ihn ziehen ließest und ihn damit der unschätzbaren spirituellen Vorzüge der Gemeinschaft mit dir beraubtest, ist es dir lieber, du begehst – ich meine, du ziehst es vor, deinem Mann untreu zu sein. Und darauf bist du obendrein noch stolz!«, fügte ich triumphierend hinzu.

»Nun, ich tue nur, was J. M. H. für richtig gehalten hätte«, entgegnete sie und ignorierte meine vielsilbige Ironie.

»O nein, das tust du nicht; du bist nichts weiter als eine ganz normale, irregeleitete Frau«, lachte ich, und sie fuhr zurück. »Was auch immer du sagen magst – es ist deutlich genug, dass du mit diesem Mann ins Bett willst!«

»Du bist so gemein!«, fiel sie ein.

»... aber statt dich den Tatsachen zu stellen, machst du, wie es Frauen so tun, dir selbst und allen anderen vor, du habest irgendeine hochgestochene Motivation dafür. Du weißt nur zu gut, wenn du deinem Freund den Laufpass gibst, würdest du ihm mehr Gutes tun als sonst etwas – so ein Kerl ist er nämlich. Aber nein, du ziehst es vor, dass man überall über dich redet, und manövrierst deinen Mann in eine Situation, in der zu befinden sich keiner in seiner Stellung leisten kann. Du wirst doch wohl nicht behaupten, J. M. H. würde so etwas befürworten?«

Natürlich bedachte sie mich mit einer Kanonade von Erwiderungen, von denen keine ihr Ziel traf; sie bedeutete mir sogar, dass es Alfreds eigene Schuld war, wenn er unter dieser Affäre zu leiden hätte, und es meine Pflicht sei, zu versuchen, ihn zu ihrem Standpunkt zu bekehren. Aber ich hielt diesem Ansturm stand und ließ sie reden.

»Schau her«, sagte ich schließlich und versuchte, ihr gut zuzureden, um sie zu vernünftigerem Verhalten zu bringen. »Sei nicht verletzt durch das, was ich dir jetzt sage, aber für mich hat es den Anschein, dass Alfred eine klarere Vorstellung von J. M. H.s Sicht dieser Dinge hat als du. Er war selbstlos genug, nicht auf den Tisch zu schlagen und zu verlangen, dass diese Affäre ein für allemal aufhören müsse – er hat dich lediglich gebeten, nicht überall damit anzugeben, und in diesem Punkt teile ich seine Ansichten.« Ich nahm ihre Hand in die meine, und obwohl ich etwas zu alt war, um auf ihre Attraktivität anzusprechen, konnte ich doch im Inneren nicht anders, als diesen Mann zu verstehen – wer auch immer er war –, der ihrem Liebreiz so zum Opfer gefallen war.

»Ich bin ziemlich fest davon überzeugt«, fuhr ich fort, »wenn wir in der Lage wären, J. M. H. zu fragen, würde er sagen, dass das Schlimmste an der ganzen Geschichte deine Unaufrichtigkeit dir selbst gegenüber ist. Weil Basils Attraktivität plus fort que vous (stärker als du selbst) gewesen ist, redest du dir ein, du habest nur darauf angesprochen, um ihn zu veredeln, was reiner Unsinn ist ... Dann befriedigst du deine Eitelkeit, indem du dir vormachst, du seist eine Pionierin der neuen Moral, wobei du dich nur selbst lächerlich machst; und schließlich, nachdem du dich deinem Mann gegenüber unleugbar egoistisch verhalten hast, ärgerst du dich, weil er die Rolle, in die du ihn gezwungen hast, nicht perfekt spielt ... Die Wahrheit aber ist: Du willst deine Liebesaffäre, du willst Toleranz von deinem Mann und – stellvertretend durch mich – auch noch die Billigung von J. M. H. ... Kurzum, meine liebe Gertrude«, schloss ich lachend und drückte ihr die Hand, »wenn es dir schon nicht möglich ist, zwei Dinge zugleich zu haben, dann gilt das erst recht für drei!«

7 · David Anrias – Astrologe und Esoteriker

David Anrias lernten wir im Hause von Freunden kennen, denen wir seitdem dankbar verbunden sind, denn die Begegnung mit ihm erwies sich nicht nur als sehr wichtig für uns selbst, sondern auch für dieses Buch. Auch wenn Viola ihn gerne aufzieht und »den Zauberer« nennt, ist nicht das Geringste an ihm unheimlich, weder an seiner äußeren Erscheinung noch in seinem Charakter. Im Gegenteil, sein Antlitz lässt auf Genialität schließen, verbunden mit einem ausgeprägten Sinn für Humor, der um so deutlicher zum Vorschein kommt, je besser man ihn kennenlernt. Ja, er ist genau das, was die Deutschen »ein Original« (im Original deutsch! – Anm. d. Ü.) nennen würden. Obgleich seine Ausdrucksweise ganz normal ist – wenn auch sehr treffend und plastisch, solange er ernst ist –, wird seine Sprache großzügig und amüsant mit astrologischen, psychologischen und theosophischen Begriffen angereichert – ganz zu schweigen von Abkürzungen und anderen Späßen –, wenn er danach aufgelegt ist.

Nachdem wir Anrias einmal kennengelernt hatten, sahen wir ihn häufig; er erzählte uns, dass er viele Jahre in Indien verbracht hatte und sich monatelang an einen Ort im Nilgiri-Gebirge zurückzuziehen pflegte, wo er unter der Anleitung eines Meisters Meditation praktizierte, den Madame Blavatsky kurioserweise den alten Herrn vom Nilgiri genannt hatte. Dieser Meister spezialisierte sich auf Astrologie in Bezug auf kosmische Kräfte und überwachte und förderte die Entwicklung seiner Wissenschaft, wo immer es möglich war. Er hielt Anrias' Gehirn offenbar für geeignet, um es ähnlich seinem eigenen zu trainieren.

»Sie sehen, es ist alles eine Frage der Einstellung auf eine bestimmte Schwingungsrate«, erklärte Anrias seinen Modus operandi (Vorgehensweise). »Natürlich hat jeder Meister seine eigene. Aber vor dem Versuch, mit einem von ihnen Kontakt aufzunehmen, ist es absolut notwendig, zuerst über ihn zu meditieren und ihn im Herz-Chakra zu erkennen – denn in diesem Chakra erst findet man ihre verschiedenen Grundtöne. Als ich das konnte, musste ich lernen, mein Denken zur Ruhe zu bringen, so dass ich es empfänglich machen konnte für das seine, auf einer recht hohen Ebene.«

»Aber können Sie immer gewiss sein, dass es die Schwingung eines Meisters ist, was Sie gefunden haben? Könnte nicht ein Schwarzer oder eine andere unerwünschte Wesenheit sie nachmachen?«, fragte Viola sehr interessiert.

»Unmöglich«, erwiderte er. »Kein Schwarzer kann eine Schwingung fälschen oder einen Grundton nachmachen, die auf Liebe basieren – und das ist die einzige Sicherheit.«

Er fuhr fort, uns zu erzählen, dass er nach jahrelanger Übung auch fähig war, sich sogar auf einige andere Meister einzustimmen.

Schließlich wurde er so empfänglich für die verschiedenen Wellenlängen, dass er zuweilen auf den Einstimmungsvorgang verzichten und die Anwesenheit der Meister fühlen konnte, wann immer diese mit ihm Kontakt aufnehmen wollten.

Natürlich bombardierten meine Frau und ich unseren neuen Freund mit Fragen, sobald wir das Stichwort »Meister« vernahmen. Da gab er uns einen Umstand preis, der uns mit Freude und Stolz erfüllte. Meister Koot Hoomi hatte ihn telepathisch gebeten, durch die anfangs erwähnten Freunde mit uns Kontakt aufzunehmen. Ja, er hatte sogar zu verstehen gegeben, dass er durch ihn unverzüglich eine Verbindung mit uns herzustellen wünschte, da wir eine sehr schwere Zeit hätten. Ich darf darauf hinweisen, dass Anrias zu diesem Zeitpunkt keinerlei Wissen über unsere frühere Verbindung mit Meister K. H. durch Chris besaß. Er hatte lediglich einige meiner Bücher gelesen; er war gerade dabei, ein solches zu studieren (das ich unter meinem eigenen Namen veröffentlicht hatte), als der Meister ihm seine Botschaft eingab.

Anrias vertraute uns zu einem späteren Zeitpunkt jedoch an, dass er mit nicht allzu großer Begeisterung darauf reagiert hätte: »Ich war gerade miserabel aspektiert – einschließlich eines Sonne-Saturn-Quadrats –, um wirklich gebeten zu werden, mit anderen Egos Kontakt aufzunehmen, die selbst gerade Verschattungen haben – und noch dazu, wo Sie einem anderen Strahl angehören[7], was die Komplikationen immer noch vergrößert –, da konnte ich nicht anders, als dieser Vorstellung nur mit Widerstand zu begegnen.«

Wir mussten einfach lachen über so viel Offenheit und auch über seine Wortwahl.

Natürlich fragten wir David bei der allerersten Gelegenheit, ob er etwas in Bezug auf J. M. H. spüren könnte. Aber obwohl er verschiedene Mutmaßungen anstellte, konnte er uns nichts Definitives mitteilen; er hatte tatsächlich das Gefühl, dass es ihm nicht gestattet sei.

Aber in Bezug auf Chris – Viola war sehr darauf bedacht, Neues über sie zu erfahren – sagte er uns nach einem Augenblick der Stille, dass er von ihrem Meister erfahre, dass sie, eine Schülerin von ihm, eins geworden sei mit seinem Bewusstsein im Himalaya, statt die gewöhnliche himmlische Ruhepause einzulegen.

»Oh, dann ist sie ja wirklich glücklich!«, rief Viola erleichtert.

»Die Freude, eins mit seinem Meister zu sein, ist mit nichts auf der Welt zu vergleichen. Aber warum«, fragte David einigermaßen erstaunt nach, »sollten Sie angenommen haben, dass sie *nicht* glücklich sei?«

»Jene Botschaften, die wir durch ein Medium erhalten haben – nun, sie haben eigentlich nie den Eindruck von Freude vermittelt.«

»Das war so, weil sie, als sie mit Ihnen überhaupt Kontakt aufnahm, ohne etwas mit dem Medium gemein zu haben, sich vermutlich an Sie halten musste; und da *Sie* deprimiert waren, haben jene Botschaften nur Ihre eigene Stimmung widergespiegelt«, erklärte David. »Doch trotz dieser kümmerlichen Resultate nehme ich an, dass ihr Mitgefühl mit jenen, die sie zurückgelassen hatte, so groß war, dass sie es doch versuchte, mittels ihrer devischen Kräfte, so gut sie nur konnte, mit Ihnen in Verbindung zu bleiben.«

Nachdem David gegangen war, sagte Viola zu mir: »Wie dankbar bin ich doch, dass er das alles mit Chris aufgeklärt hat – das nimmt der Sache doch wieder den größten Teil ihrer Bitternis …« Nach einer Pause fügte sie hinzu: »Jedenfalls scheint sie doch wenigstens etwas

---

7 Die sieben Strahlen der Evolution bestimmen die verschiedenen Methoden der esoterischen Schulung.

Vernünftiges durch Schneeflöckchen übermittelt zu haben: David muss die Verbindung sein, nach der Chris gesucht hatte.«

Im Laufe jenes Winters saßen David, Viola und ich oft vor dem Feuer und diskutierten die verschiedensten Themen, oder David erzählte uns von seinen Erlebnissen in Indien. Ich habe mich schon immer über die Psychologie des indischen Volkes gewundert.

»Warum«, fragte ich, »haben die Inder jene wunderbaren Weisheitslehren und scheinen in vielerlei Hinsicht doch so unstet und verkommen zu sein?«

Seine Erklärung war sehr erhellend: Jede Nation, erzählte er uns, hatte ihre eigentümliche Eigenschaft sowie auch ihre Beschränkung in der Entwicklung, und kein Mensch kann seinem nationalen Einfluss ganz entfliehen, der geeignet ist, sein Unterbewusstsein selbst dann noch anzusprechen, wenn er es nicht im Geringsten vermutet.

Der Inder besitzt eine ererbte Fähigkeit, metaphysisches Denken zu verstehen, ohne den geringsten Versuch zu unternehmen, es in der Welt der Tatsachen in die Praxis umzusetzen. Im Osten hat es immer schon das latente Verlangen nach Wahrheit aufseiten des Individuums allein gegeben; Seite an Seite mit einer völlig anderen Einstellung in Bezug auf das Geschäftliche, wo die Praxis des Schikanierens so gut wie selbstverständlich geübt wird.

Da das Klima körperliche Freuden alles andere als unmöglich macht, werden diese fast rein mental und bestehen häufig in dem bloßen Entzücken, andere zu überlisten, insbesondere seit die britische Gerichtsbarkeit ihren Einzug in Indien gehalten hat. Selbst die Ärmsten sind bereit zu diesem Glücksspiel und ziehen vor Gericht in der kindlichen Hoffnung, irgendjemanden zu besiegen. Es kommt diesen Leuten nie in den Sinn, dass spirituelles Weiterkommen unmöglich ist ohne eine echte Liebe zur Wahrheit und eine im täglichen Leben geübte Ehrlichkeit. Und so trifft man häufig auf diese Begabung, metaphysische Gedanken zu verstehen und seine Freude daran zu haben, in der Verbindung mit einer absichtlich betrügerischen und heimlichtuerischen Mentalität.

Eines Abends fragte ihn Viola nach seiner Ansicht über das Krishnamurti-Problem. Er kennt Krishnamurti persönlich und besitzt eine große Zuneigung für ihn.

»Wie würde es Ihnen gefallen, einem äußerst erhabenen und schwierigen Amt geweiht worden zu sein«, antwortete er, »bevor Sie auch nur Zeit gehabt haben, Ihre eigene Persönlichkeit und das kennenzulernen, was Sie selbst vom Leben erwarten? Können Sie denn nicht verstehen, was passiert ist?

Von Kindheit an war er umgeben von vorgefassten Vorstellungen bezüglich seiner Sendung und Lehre. Überrascht es Sie, dass er, als er anfing, sich seine eigenen Gedanken zu machen, praktisch allem widerstrebte, was von ihm erwartet wurde, und eine Lehre entwickelte, die in diametralem Gegensatz zu dem stand, was von der Theosophischen Gesellschaft erhofft wurde? Allein der Umstand, dass er bewusst jegliche theosophische Terminologie vermeidet, während manches davon doch ganz nützlich sein könnte, beweist schon, was in seinem Unbewussten vor sich geht.«

»Dann, nehme ich an, ist es eben diese Reaktion in seinem Unbewussten«, unterbrach Viola, »die die Tatsache erklärt, dass Krishnamurti, wenn Fragen bei seinen Vorträgen gestellt werden, sich genötigt fühlt, die Theosophie mit abschätzigen Anspielungen zu bedenken, ganz gleich, ob jene irgendeine Bedeutung für die gestellte Frage hat oder nicht.«

»Genau. Und jetzt sehen Sie auch, warum er aufgestanden ist wie Samson und die Säulen des Tempels der Theosophie niedergerissen hat, in einem letzten schrecklichen Versuch, seine geistige Freiheit zu gewinnen.«

»Ja, aber er hat dabei die Gläubigen mit zerschmettert; meinen Sie wirklich, dass die geistige Freiheit eines einzigen Menschen das Elend wert ist, das er Tausenden anderer bereitet?«, forderte Viola ihn heraus.

»Ha – aber Sie müssen daran denken, dass es hauptsächlich diese Gläubigen waren, die verantwortlich für seine derzeitige Haltung sind ...« David begann, im Zimmer auf und ab zu gehen – eine Angewohnheit von ihm, wenn er daranging, über ein interessantes Thema zu sprechen.

»Was ich versuchen möchte, Ihnen nahezubringen, ist, dass bei seinen Vorträgen die ständigen, einander widerstreitenden Erwartungen und Wünsche der Massen seiner sogenannten Schüler, die auf seine sensible Aura einstürmten, ihn zwangen, gewissermaßen als Ausflucht die Theorie zu entwickeln, dass sowohl Schüler als auch Organisationen eher Hindernisse als wesentlich und notwendig wären.« Er schnippte seinen Zigarettenstummel ins Feuer und schwieg einen Augenblick, um sich eine neue anzuzünden.

»Vorträge zu halten, scheint mir in der heutigen Zeit auf jeden Fall eine Pleite zu sein ... Schließlich gibt es so viele Vortragsreisende, die nur grobe Verallgemeinerungen zum Besten geben oder ansonsten dogmatische Behauptungen äußern über Bewusstseinszustände, die man nur erfahren, nie aber erklären kann; darüber hinaus muss man, um sie zu erfahren, mit der richtigen Konstellation von Planeten in bestimmten Zeichen und Häusern geboren sein.«

»Na, dann liegt es ja auf der Hand, dass ich nicht die richtige Konstellation bekommen habe«, meinte Viola lachend; »Krishnamurtis Philosophie bringt mir überhaupt nichts!«

»Natürlich«, erwiderte David, »bringt sie keiner Frau viel. In der Tat können nur jene, die in früheren Inkarnationen als Männer Raja Yoga praktiziert haben – wie zum Beispiel H. P. B. und A. B.[8] –, überhaupt einen Nutzen davon haben. Aber wie ich schon sagte und gerne wiederhole« – er schlug mit seinem rechten Zeigefinger auf die Handfläche seiner kräftig aussehenden, doch sensiblen Linken –, »dieses ganze Geschäft, den Vorträgen anderer Egos über Brüderlichkeit oder irgendein anderes Ideal zuzuhören, kann nur oberflächliche Resultate hervorbringen, die gewissermaßen auf die Zuhörerschaft appliziert sind – und sich bei der ersten ernsten Prüfung ablösen!«

»Ich bin sicher, an dem, was Sie sagen, ist eine Menge dran«, pflichtete ich bei, wenngleich wir beide über seine Weise, es auszudrücken, lachen mussten.

»Nehmen Sie zum Beispiel die Brüderlichkeit«, fuhr David fort und ließ sich wieder in einem tiefen Sessel nieder. »Darüber ist schon so viel geschwafelt worden, aber sie kann doch wirklich nur aus inneren Erlebnissen erwachsen – nicht aus endlosem Gequassel ...

Ich erinnere mich, wie ich einmal zu einem kleinen Dorfpostamt im Nilgiri gewandert bin ...« Seine Stimme wurde erinnerungsträchtig. »Als ich das Geld für meine Briefmarken übergab, erkannte ich den

8 Helena Petrovna Blavatsky und Annie Besant.

Beamten als einen Schüler eines der Meister. Wir verstanden einander sofort – hatten gar keine Verwendung für die schwerfällig vermittelnden Worte … Ich erkannte, dass er außergewöhnliche hellsichtige Fähigkeiten besessen haben muss und viele Erfahrungen hinter sich hatte, sowohl inner- als auch außerhalb seines Körpers. Er hatte vermutlich bei mir das gleiche Empfinden …

Und ein andermal, erinnere ich mich, traf ich ein paar Inder, die gekommen waren, um mir eine Übersetzung aus dem Sanskrit zu bringen, die ich benötigte. Kein Wort wurde gesprochen, doch durch die gleiche schweigende Übereinkunft, basierend auf der gleichen feinen Quelle, erkannten wir einander augenblicklich als Schüler meines eigenen Meisters.«

Wir schwiegen eine Weile und blickten ins Feuer, jeder mit seinen eigenen Gedanken beschäftigt.

Plötzlich zog David seine Uhr hervor. »Es ist schon elf vorbei, ihr Egos!«, rief er und sprang auf: »Zeit für den letzten Bus nach Hause!«

8 · Das Telegramm

Arkwright war auf das europäische Festland weitergefahren, um seine Weltreise fortzusetzen; seine Frau hatte sich ihm angeschlossen. Wir sahen ihn mit Bedauern ziehen und gaben ihm zu Ehren ein kleines Abschiedsessen, zu dem auch Toni und Herbert eingeladen waren. Toni schien bekümmert und besorgt, und wir fragten uns, was mit ihm los sei. Aber wenige Tage später war ich zutiefst schockiert, durch die Zeitungen zu erfahren, dass er in einen höchst peinlichen Skandal verwickelt war. Am Ende erwies er sich als eine sehr langwierige Affäre, die ein sensibles Wesen wie das Tonis aufs Äußerste belastete. Dieser Skandal, so glaube und hoffe ich, ist inzwischen wieder vergessen; je weniger ich also davon erwähne, desto besser. Ich würde ihn überhaupt nicht anführen, bärge er nicht eine gewisse esoterische Bedeutung, wie sich an späterer Stelle noch erweisen wird.

In der Zwischenzeit waren Viola und ich noch viel mit David zusammen, der über seine astrologische Aktivität hinaus auch die Auswirkungen des Kinos studierte, über die er viele wertvolle Informationen von seinem Meister erhalten hatte. So erfuhr er, dass in diesem gegenwärtigen Mars-Zyklus Filme eine sehr wichtige Rolle in der Entwicklung und Bildung der Massen spielen werden.

»Es ist so«, erklärte David auf seine verschmitzte Weise: »Obwohl pietistische Egos und die Verdrießlichkeiten der Esoteriker mit aufgehendem Saturn« – er lachte in sich hinein – »über die Filme als bloße Frivolitäten wohl die Nase rümpfen werden, haben die Meister doch eine gänzlich andere Ansicht über sie.«

»Da sind sie ja so herrlich menschlich«, rief Viola; »erinnerst du dich noch daran« – sie wandte sich zu mir –, »als wir Chris zu jener Probe der Revue beim Prinzen von Wales mitgenommen haben, wie beeindruckt sie war? Einige der armen Ballettmädchen, die Stunden um Stunden daran arbeiteten und kurz davor waren, vor Erschöpfung umzufallen, mussten ihre Einsätze immer wieder wiederholen, bis die letzte Tänzerin in der letzten Reihe ihre Sache perfekt gemacht hatte und der Produzent zufrieden war. Chris sagte, sie hätte nie geglaubt, dass eine einfache Probe so eine fantastische Schulung von Geduld und Selbstkontrolle sein könnte!«

»Ja, und meine Güte, wie schockiert doch die alte Miss – ich habe ihren Namen vergessen – war, dass Chris überhaupt zu einer Vorstellung gehen wollte«, fügte ich hinzu, »noch dazu in eine Revue!« Ich wollte gerade weitersprechen, als wir Mrs. Saxton entdeckten – wir saßen in einem Restaurant –, die soeben mit einer Bekannten hereingekommen war. »O Herr!«, rief ich, »ich hoffe, sie wird uns nicht sehen.«

Aber sie sah uns und steuerte schnurgerade auf unseren Tisch zu. Zum Glück für uns blieb sie nur wenige Minuten stehen, um zu reden, und schloss sich dann wieder ihrer Bekannten an.

»Großes Skorpio-Gefährt, Mars behaftet den Aszendenten«, mutmaßte David und fasste ihre Erscheinung astrologisch zusammen. »Semi-Trübsinn mit enormem Machtkomplex, Oberlippe an die Zähne geklebt, Anzeichen von Festigkeit – ist beim Saugen hängengeblieben ...«

Wir lachten.

»Sieht aus, als hätte sie Schatten gehabt ... Gefährt zieht Richtung Krematorium ...«

»Nein, bitte«, protestierte ich, »keine von Ihren makabren Voraussagen!«

»Warten Sie ab. Oh, wann wird uns diese heruntergeschaltete Bedienung endlich unser Futter bringen?« Übellaunig brach er plötzlich ab. »Ich weiß, sie ist ein Stier, das langsamste Zeichen des Zodiak.«

»Jetzt hören Sie endlich auf mit der Bedienung und dem Tierkreis«, bat Viola bestimmt. »Ich möchte mehr über jene Filme hören.«

Aber seine Stimmung war umgeschlagen, und er schien mehr interessiert an einem Paar einige Tische weiter. »Sehen Sie sich diesen dünnlippigen Steinbock an, der dort allein mit einem weiblichen Ego sitzt – jetzt hat er bestimmt zehn Minuten kein Wort gesagt, obwohl er so verliebt ist in ihr Gefährt.«

»Vielleicht ist gerade dies der Grund«, mutmaßte ich.

»Es wäre nicht der Grund, wenn er kein Engländer wäre; nun, ein Franzose – Sie machen sich keine Vorstellung, welche nationalen Unterschiede in den Reaktionen bestehen. Ich habe mich eingehend damit beschäftigt, und ...« Er schien reichlich gefesselt zu sein von dem, was für ihn ein sehr interessantes Thema war, aber Viola brachte ihn lachend zum Ausgangspunkt zurück.

»Jene Filme ...«, erinnerte sie ihn.

David machte eine ungeduldige Geste, aber plötzlich entdeckten sie an der Wand ein Plakat mit dem Bild eines sehr bekannten Filmschauspielers. Nachdem er es eine Weile angestarrt hatte, sagte er mit wiedergewonnenem Interesse: »Haben Sie je daran gedacht, welch einem ungeheuren astralen Druck ein Filmstar wie dieser ausgesetzt ist? Stellen Sie sich nur die Tausende von Gedanken und Gefühlen vor, die ständig auf ihn ausgerichtet sind. Wenn er natürlich auf eine Arbeit konzentriert ist, kann es ihm nicht viel ausmachen; aber wenn er sozusagen schutzlos ist oder schläft und sich in seinem Astralkörper aufhält, haben sie eine Chance, ihn in einen Wirbel widerstreitender Strömungen zu reißen, der sehr zerstörend sein kann, wenn er nicht weiß, wie er sich zu schützen hat. Zum Glück haben einige der Meister diese Situation vorausgesehen, und sie begründeten ein spezielles Training, mittels dessen Filmstars in verhältnismäßig kurzer Zeit auf der Astralebene sehr wachsam werden können.

Das habe ich mir nicht alles aus den Fingern gesogen«, warf er ein, »sondern ich habe es von meinem Meister. Im normalen Fall würde es Jahre dauern, wenn nicht mehrere Leben, diese Wachsamkeit zu entwickeln, aber weil diese Filmstars häufig auf Grund ihrer Popularität in einer solch schwierigen Situation sind, sind sie entsprechend darauf aus, Wissen über den Selbstschutz zu erlangen. Wenn sie dieses Wissen einmal besitzen, hat es oft zur Folge, dass sie noch höheres Wissen haben wollen; auf diese Weise kommen sie viel rascher voran, als wenn sie bloß ein gewöhnliches alltägliches Leben führen würden.«

»Wenn ich es recht verstehe, dann wissen sie von all diesem in ihrem gewöhnlichen Wachbewusstsein überhaupt nichts?«, fragte ich.

»Es sei denn, sie sind zufällig sehr medial begabt – was unwahrscheinlich ist –, und können die Erinnerung daran in Träumen bewusst machen.«

»Welcher Planet beherrscht die Welt des Films?«, fragte Viola, die sich für den astrologischen Aspekt des Themas interessierte.

»Neptun«, antwortete David, »der auch für Drogen und Mystik zuständig ist.«

»Eine eigenartige Mischung«, bemerkte ich; »ich kann den Zusammenhang nicht erkennen.«

»Neptun«, erklärte er, »hat mit der Welt der Illusion und der Kunst zu tun. Sowohl Film als auch Kunst stehen in enger Verbindung zur Illusion, wie jedermann herausfinden wird, der auch nur einen Augenblick darüber nachdenkt. Wenn sich Greta Garbo uns auf der Leinwand zeigt, dann lässt sie uns vorübergehend in dem Glauben verweilen, wir sähen sie tatsächlich leibhaftig vor uns. Wenn ein Maler eine Landschaft malt, schafft er die Illusion, wir hätten tatsächlich die Landschaft vor Augen.«

»Und Drogen?«, fragte ich weiter.

»Drogen erzeugen auch eine Illusion. Oder wie stände es sonst mit Thomas de Quincey und seinen ›Bekenntnissen eines englischen Opiumessers‹?«

»Na gut«, gab ich zu, »aber dann fehlt immer noch die Mystik!«

»Die Mystik muss durch die Ebenen der Illusion in die Ebenen der Realität aufsteigen. Aber selbst die Realität im philosophischen Sinne ist vom physikalischen Standpunkt aus eine Illusion – und so hat die Mystik auf jeden Fall mit Illusion zu tun, in der einen oder anderen Form, wenngleich natürlich die höchsten mystischen Wahrheiten keine Illusionen sind.«

»Eine ganz gute Erklärung«, applaudierte Viola; »gleichwohl erscheint es doch merkwürdig, dass der gleiche Einfluss einen zum Mystiker oder zum Drogensüchtigen machen kann!«

»Ah, aber vergessen Sie nicht«, rief David, allzeit bereit, sein Lieblingsthema weiter zu erläutern, das für den Laien doch voller Geheimnisse war, »dass planetare Einflüsse nur die *Tendenzen* schaffen, auf das eine oder andere zu reagieren; wie weit und in welche Richtung der Einzelne hauptsächlich agiert, ist vom Stand seiner Entwicklung abhängig und davon, welche anderen planetaren Kräfte bei ihm mitwirken.«

»Ist Neptun nicht ein sogenannter esoterischer Planet?«, fragte Viola weiter. »Ich meine mich zu erinnern, einmal so etwas gelesen zu haben.«

»Sowohl Neptun als auch Uranus sind, vielmehr waren, esoterische Planeten.«

»Was ist der Unterschied zwischen esoterischen und exoterischen Planeten überhaupt?«, fragte ich.

»Exoterische Planeten sind jene, die sich mit der Erde in unmittelbarer astraler und psychischer Kommunikation befinden; sie sind ihre Führer und Wächter, im Moralischen wie im Physischen.

Sie müssen sich vor Augen halten, dass alle diese Planeten von mächtigen geistigen Wesenheiten beseelt sind, die mit Kräften umgehen, die gewaltiger sind, als man es sich vorstellen kann … Nun, also«, fuhr er mit Nachdruck fort, als er so geschickt wie gedankenverloren den Pfefferstreuer auf der Spitze seines Messers balancierte: »Saturn, Jupiter, Merkur und Venus gehören in diese Kategorie[9] – ich meine, sie beeinflussen die Menschheit als Ganzes, während Uranus und Neptun, die esoterischen oder geheimen Planeten, erst bis vor recht kurzer Zeit die höheren Bewusstseinsaspekte der am weitesten Entwickelten beeinflussten. Aber laut indischen Astrologen fand beim Neumond des Januars 1910 eine Veränderung statt. Um ganz genau zu sein – als der Sonnenlogos eine kosmische Einweihung in Angriff nahm …«

»Was? Wollen Sie damit sagen, dass selbst der Logos sich Einweihungen unterzieht?«, unterbrach ich ihn überrascht.

»So habe ich es von meinem Meister verstanden«, bestätigte David.

»Du meine Güte!«

»Klingt ein bisschen verwunderlich, zugegebenermaßen. Gleichwohl ist es eine Tatsache, dass alle geistigen Wesen im Kosmos, ob nun ober- oder unterhalb des Ranges eines Sonnenlogos, sich den ihrem jeweiligen Entwicklungsstand entsprechenden Einweihungen zu unterziehen haben.

Von damals an wurden Neptun und Uranus jedenfalls exoterisch in dem Sinne, dass sie, oder vielmehr die Kräfte, die von ihnen ausstrahlen, eingezogen wurden, um neue magnetische Ströme innerhalb des

9 Über den Einfluss des Planeten Mars soll an späterer Stelle gesprochen werden.

Sonnensystems zu schaffen. Diese Ströme wurden insbesondere auf unsere Erde gerichtet, und eine der daraus resultierenden Folgen war, dass die auf früheren Berechnungen basierenden Prophezeiungen sich als ungenau erwiesen, da Neptun und Uranus nicht bei alltäglichen Angelegenheiten miteinbezogen worden waren und Jupiter, immer angesehen als der mächtigste Wohltäter, immer noch als der vorherrschende planetare Einfluss in der Zukunft angenommen wurde. Selbst die Theosophische Gesellschaft ließ sich durch diese Vermutung irreführen und bildete sich ein, dass das Zeremonielle, das – wie auch andere Dinge mehr – von Jupiter beherrscht wird, in ihrer künftigen Aktivität eine wichtige Rolle spielen würde. Die Gesellschaft hat aber nun entdeckt, dass ihre Form des Zeremoniells, sagen wir, nicht so viel Anklang gefunden hat, wie man sich erhofft und erwartet hatte.«

»Sie meinen die Liberal-Katholische Kirche?«, unterbrach Viola, aber David ignorierte ihre Frage und sprach weiter.

»Vor Jahren«, erklärte er und setzte den Pfefferstreuer sorgfältig ab, »habe ich in mehreren Journalen der T. G.[10] darauf hingewiesen, dass von Neptun und Uranus diejenigen Einflüsse kämen, mit denen man zu rechnen habe, und dass es zwecklos sei, auf Jupiter zu bauen. Aber es erübrigt sich zu sagen, dass keiner dem auch nur die geringste Aufmerksamkeit schenkte ...«

»Das wundert mich nicht«, bemerkte Viola lächelnd; »keiner achtet je auf die echten Propheten, besonders, wenn sie noch dazu Freiberufler sind wie Sie!«

»Mein guter Junge«, sagte ich, »Sie werden ein Buch über Ihre astrologischen und sonstigen esoterischen Entdeckungen schreiben müssen.«

Er grinste mich an wie ein Schuljunge. »Ich habe sehr wohl die Absicht, dies zu tun – wenn die Zeit reif ist.«

Wir hatten das Restaurant verlassen und gingen nun in Richtung Marble Arch. »Nun, ihr Egos«, bemerkte er auf seine originelle Art, als wir die Bushaltestelle erreichten, »hier trennen sich unsere Wege – morgen fahre ich ein bisschen aufs Land.«

»Was – Sie wollen uns im Stich lassen?«, rief Viola, »und damit springen Sie uns einfach so ins Gesicht?«

10 Theosophische Gesellschaft.

Er schmunzelte nur und verriet uns nicht einmal das Ziel seiner Reise.

»Sie sind ein komischer Kauz«, zog ich ihn auf. Das hatte er schon einmal getan: London einfach wochenlang hinter sich gelassen und uns nicht einmal eine Zeile geschrieben, um dann ganz plötzlich wieder aufzutauchen. Als wir ihn fragten, was er getrieben hätte, antwortete er beiläufig: »Ach, einfach meditieren und so …«

Viola und ich waren nicht gerade in bester Verfassung, als wir nach Hause gingen; wir machten uns Sorgen um den armen Toni Bland und fühlten mit ihm in der Situation, in der er sich gerade befand – und darüber hinaus entzog sich uns David, und mit ihm seine erheiternden Eigentümlichkeiten, und fuhr aufs Land.

Und dann kam plötzlich auf höchst unerwartete Weise alles ganz anders. Als wir zu Hause ankamen, lag auf dem Tisch in der Diele ein Telegramm für mich. Es lautete:

Nehmen Sie den 11.29 Uhr Zug vom Bahnhof Paddington am Montag nach … (ein Ort im Südwesten des Landes). *Ein blauer Wagen wird dort am Bahnhof auf Sie warten: Sprechen Sie zu niemandem außer Ihrer Frau darüber. – J. M. H.*

»Unser Guru ist in England!«, rief ich triumphierend, als ich das Telegramm meiner Frau weitergab.

9 · Im Hause eines Meisters

Es war ein Haus im Tudorstil inmitten herrlich gepflegter Anlagen, mit dem Blick auf bewaldete Hügel in näherer Entfernung, zartgrün im ersten Frühlingslaub.

Ich wurde in eine große Bibliothek gewiesen, und als ich eintrat, stand J. M. H. mit dem Rücken zum Feuer, und ein alter Herr mit einem Käppchen saß an einem mit Büchern und Papieren bedeckten Tisch. J. M. H. trat mir entgegen, um mich mit seinem unvergleichlichen Lächeln zu begrüßen, dann legte er mir seinen Arm um die Schulter und führte mich zu dem alten Herrn.

»Sir Thomas«, sagte er, »das ist einer meiner Schüler, Charles Broadbent.«

Der alte Herr blickte mich über den Rand seiner Brille hinweg an, lächelte und schüttelte mir die Hand. Ich schätzte ihn auf an die Achtzig, wenngleich sein bleiches und energisches Antlitz erst wenige Falten aufwies.

»Sir Thomas ist, wie Sie sich wohl schon gedacht haben, unser Gastgeber«, erklärte J. M. H.

Ich murmelte etwas über seine Liebenswürdigkeit, mir seine Gastfreundschaft anzubieten.

»Hm, hm, hm«, murmelte er wohlgelaunt, »macht mir Freude. Genügend Platz im Haus.« Er blickte zu J. M. H., nickte vielsagend und zog sich dann zurück, wobei er einen Stapel Papiere mitnahm.

Nachdem er die Tür hinter sich geschlossen hatte, sah J. M. H. mich einige Augenblicke schweigend an, und die Liebe, die von ihm ausstrahlte, war etwas, das man nur erleben und spüren, nicht aber in Worten ausdrücken konnte. Ich hatte das Gefühl eines Kloßes im Halse, und als ich schließlich sprach, klang meine Stimme selbst für mich recht unsicher. »Ich brauche Ihnen ja kaum zu erzählen, was dies für mich bedeutet ... besonders nachdem wir dachten, dass Sie vielleicht gar ums Leben gekommen sind.«

»Sie wissen ja, was man zuweilen sagt«, antwortete er lächelnd: »Auch aus Liebe muss man manchmal hart sein. Meinen Sie, es hat mir Freude gemacht, hart zu sein?«

»Ich glaube, es gibt nichts, was Sie weniger genießen würden«, erklärte ich ernst; »doch ich gestehe es besser jetzt gleich: Als ich erfuhr, dass Sie verschwunden sind, war ich im ersten Augenblick auch darüber empört!«

»Das war nur natürlich, mein Sohn; ich habe Ihnen keine Vorwürfe zu machen. So viel aber will ich Ihnen sagen: Ich hatte keine Ahnung, dass die Herren des Karmas den Tod eines Mannes beschlossen hatten, der die gleichen Initialen und den gleichen Namen wie ich trug, bis es dann tatsächlich geschehen war, und selbst dann nahm ich es nur aus den Gedanken meiner Schüler auf.«

»Aber als Sie es dann gespürt hatten ...«, begann ich ihm entgegenzuhalten, nahm mich aber wieder zurück.

»Was zögern Sie?«

»Obwohl das, was ich Sie fragen wollte, nur zu meiner Information gemeint war, hätte es doch wie ein Vorwurf geklungen.«

»Fragen Sie trotzdem.«

»Warum haben Sie nicht der Meldung, Sie seien ums Leben gekommen, entgegengewirkt?«

»Weil jene, die daran glaubten, töricht waren – und jene, die nicht daran glaubten, bedurften wohl kaum der Mitteilung, dass sie nicht wahr war.«

»Aber einmal habe ich selbst daran geglaubt!«, gab ich zu.

»Um so verdienstvoller war es also, dass Sie wieder aufgehört haben, es zu tun.«

Er bot mir an, in einem Sessel Platz zu nehmen, blieb aber selbst stehen.

»Sie denken, ich sei mein eigener Herr – aber Sie irren sich. Ich bin nur ein, wenn auch williges, Werkzeug in den Händen jener, die sich schon weitaus höheren Einweihungen unterzogen haben als ich selbst. Sie denken auch, dass ich, als ich seinerzeit mein Haus in Boston verließ, nicht die Absicht hatte, jemals zurückzukehren; und wieder befinden Sie sich im Irrtum. Wenn ich nie zurückgekommen bin, dann geschah dies, weil ich die Anweisung erhielt, nicht zurückzukehren.«

»Aber Arkwright sagte doch, Sie hätten Andeutungen fallen lassen …«, warf ich ein.

»Das ist wahr: Mir wurde von meinem Vorgesetzten zu verstehen gegeben, dass meine Zeit dort drüben ihrem Ende zuginge und dass ich sozusagen Schritte unternehmen solle, mein Haus in Ordnung zu bringen.«

»Ist es deshalb, warum man sagte, Heddon wüsste mehr, als er sagt?«

Er nickte, leicht amüsiert.

»Wäre die Frage angebracht, warum Sie Amerika verlassen mussten?«, wagte ich mich zu erkundigen.

Er blickte mich mit seinen strahlenden blauen Augen an. Nach kurzer Überlegung antwortete er: »Die Mutter ist unklug, die ihr Kind noch trägt, wenn es lernen sollte zu gehen; und der Guru ist unklug, der bei seinen Schülern bleibt, wenn sie lernen sollten, sich allein durchs Leben zu schlagen.«

»Und das ist der einzige Grund?«, rief ich überrascht.

Er schüttelte den Kopf. »Es gibt mehrere Gründe, mein Sohn – Gründe, die zum Teil mit dem Gruppen-Karma zu tun haben, teils auch mit dem vergifteten Magnetismus großer Städte, besonders in den Vereinigten Staaten, und teilweise auch mit meiner eigenen Entwicklung.« Er verschränkte die Arme vor der Brust und sah gutmütig auf mich nieder.

»Als Sie das Vorwort zu jenem ersten Buch schrieben, sagten Sie darin, dass manche der Adepten in der Welt lebten und sie bereisten wie gewöhnliche Sterbliche. Das ist wohl wahr; was Sie aber zu schreiben unterließen, war, dass es von Zeit zu Zeit absolut notwendig für sie wird, sich zurückzuziehen, um dem Verschleiß ihrer physischen und feineren Körper entgegenzuwirken, der durch den Kontakt mit ihren Mitmenschen eintritt. Um ganz offen zu sein, die psychischen Bedingungen in Amerika sind zurzeit so turbulent und zersetzend, dass mein Chef ein Machtwort gesprochen und sich geweigert hat, mich noch länger dort verweilen zu lassen.«

»Aber warum sollten solche Bedingungen in Amerika schlimmer sein als anderswo?«, fragte ich.

»Ja, warum wohl?« Er ging ein paar Schritte auf und ab. »Jene, die ein unerwünschtes Gesetz schaffen, das dazu bestimmt ist, ein Übel zu beseitigen, erwecken damit das Verlangen, dieses Gesetz zu brechen, und die daraus folgenden Übel mögen sich als schlimmer als der ursprüngliche Missstand erweisen.«

»Sie sprechen von der Prohibition?«

»Das tue ich. Der Alkoholgenuss ist der Entfaltung jener psychischen und intuitiven Fähigkeiten feindlich, die im amerikanischen Volk verborgen sind. Da dies so ist, haben die National-Devas[11] den Gedanken der Prohibition inspiriert. Und was war die Folge? Weil sie nicht trinken sollen, wurde es für die oberen Schichten geradezu zur Mode, mehr als zuvor zu trinken. Das ist von Übel. Nehmen Sie noch die sexuelle Promiskuität, Bestechlichkeit, Korruption, Gesetzesübertretungen und Aufruhrgesinnung zu diesem ersten Übel hinzu, und Sie haben eine Reihe weiterer ebensolcher, wenn nicht noch mehr zersetzender Missstände. Jahrelang habe ich mich dem unangenehmen Magnetismus, den solche Umstände erzeugen, ausgesetzt und mich, so gut ich konnte, angepasst. Ich nahm sogar, wie Sie wissen, meine Zuflucht zu der Angewohnheit starken Rauchens, um meine Sensitivität leicht zu dämpfen, und rief damit die kritischen Gedankenströme der schwer zufriedenzustellenden Theosophen und anderer Menschen herbei«, schaltete er mit nachsichtigem Lächeln ein, »die davon in Ihrem Buch gelesen haben ... Aber ...«

»Oh, wenn ich das gewusst hätte – ich hätte nicht im Traum daran gedacht, es zu erwähnen!«, unterbrach ich; »aber, wissen Sie, Sie haben uns auch vor mangelnder Toleranz gegenüber dem Rauchen und anderen vergleichsweise harmlosen Gewohnheiten gewarnt, sogar in Ihren Vorträgen ...«

»Das nehme ich auch nicht zurück«, erwiderte er und winkte ab mit einer Geste, die zeigte, dass er der Sache keine Bedeutung zumaß. »Ich erkläre Ihnen nur, auf welche Weise ich mich anpassen musste.« Er nahm in einem Sessel mir gegenüber Platz. »Die Zeit, in der solche

11 Hohe geistige Wesenheiten, die dazu helfen, die Entwicklung verschiedener Nationen und Völker auf ein bestimmtes Ziel auszurichten.

Anpassung nötig ist, ist nun vorüber, und weil ein neuer Tag dämmert, der neue Methoden und Lehren verlangt, wurde ich von den Großen aufgefordert, mich zurückzuziehen, um mich zu erholen und auf die neue Aufgabe vorzubereiten, die mir zugeteilt werden soll.«

An dieser Stelle kam Sir Thomas in die Bibliothek zurück. »Wenn Sie sich in das blaue Gemach zurückziehen möchten – hier ist der Schlüssel«, sagte er zu J. M. H. und überreichte ihn ihm.

»Kommen Sie«, sagte J. M. H.

Wir gingen einen langen Korridor entlang, an dessen Wänden Ahnenporträts hingen, bis wir eine kleine Tür mit gotischem Bogen erreichten.

»Treten Sie ein«, forderte er mich auf, nachdem er die Tür mit dem Schlüssel geöffnet hatte.

Es war ein kleiner, völlig leerer Raum, bis auf drei hochlehnige, eichegeschnitzte Stühle, die im Halbkreis aufgestellt waren, mit Blick auf eines der herrlichsten und feinsten Buntglasfenster aus dem 13. Jahrhundert, das ich je gesehen habe. Wände und Decke waren blau, und an jeder Wand waren zierlich bemalte Holztafeln. Ein feiner Geruch erinnerte an Räucherwerk, aber ob er wirklich davon kam, weiß ich nicht zu sagen.

»Welch herrliche Farben«, staunte ich, »und was für eine wunderbare Atmosphäre ist in diesem Raum ...« Er lächelte zustimmend, wies auf einen der Stühle und setzte sich selbst auf den daneben stehenden.

»Wir befinden uns zurzeit im dunklen Zyklus«, begann er zu sprechen, »über den Ihr astrologischer Freund Ihnen viel sagen kann, wenn Sie ihn fragen wollen.«

»Sie wissen also von Anrias?«, fragte ich überrascht.

»Ich habe ein Auge auf ihn«, antwortete er lächelnd.

»Wie kam es dann, dass er Sie nicht gesehen hat?«

»Woher wissen Sie, dass er mich nicht gesehen hat?«

»Nun, er hat nie etwas anderes gesagt!«

»Manchen Menschen gelingt es, ein Geheimnis zu bewahren ...«, erwiderte er leicht ironisch, »was, wie Sie wissen, das ABC des geistig Strebenden ist. Aber ich sprach über den dunklen Zyklus« – wechselte er wieder das Thema –, »den Zyklus, in dem Shiva, der Zerstörende[12], am Wirken ist. Er begann 1909 und wird erst 1944 enden, wenn sein Einfluss auch schon vor diesem Jahr nachlassen könnte. Seine destruktiven Kräfte waren verantwortlich für den Weltkrieg und die gesellschaftlichen Umwälzungen, die ihm folgten. Worum es uns aber im Besonderen geht, sind seine Auswirkungen auf die Gruppenpsychologie. Wie Sie sich erinnern, konzentrierte sich meine Aktivität weitgehend auf eine Gruppe von Schülern. Über lange Zeit hinweg habe ich mich gegen große Schwierigkeiten bemüht, diese Gruppe zusammenzuhalten, aber schließlich geriet das außerhalb meiner Kontrolle. Die Gruppe schuf, was man als Gruppen-Karma bezeichnet, da sie in verschiedenster Hinsicht meine Anweisungen nicht erfüllte – das waren Sie nicht in der Lage zu wissen –, und nur durch physische und psychische Auflösung dieser Gruppe konnte ich, indem ich mich von ihr zurückzog, auf eine Weise, die Ihnen grausam erschien, meinen Schülern ermöglichen, jenes Karma durch das nachfolgende Leid abzuarbeiten.« Er lächelte hintergründig. »Verstehen Sie nun, wie Grausamkeit eine zugrunde liegende Liebe verbergen kann?«

Jetzt verstand ich es ganz und sagte ihm das.

»Aber das ist noch nicht alles«, fuhr er fort. »Da die Gurus immer mehrere Fliegen mit einer Klappe zu schlagen versuchen, griff man zu diesem Vorgehen, auch als einer Prüfung für die Schüler – einer Prüfung ihrer Treue, einer Prüfung ihres Vertrauens, einer Prüfung ihrer Fähigkeit, auf eigenen Füßen zu stehen. Vor allem, weil Sie diese Prüfung bestanden haben, sind Sie jetzt hier!«

In diesem Augenblick erkannte ich, wie froh ich war, dass ich nicht nachgegeben hatte, und verbannte schleunigst jene Zweifel, die ich einmal gehegt hatte.

Aber er hatte noch etwas zu sagen, das von größtem Interesse für mich war.

»Während dieses dunklen Zyklus«, fuhr er nach einer Pause fort, »macht sich der Planetarische Logos oder Erdengeist von Giften frei und wandelt sie um, so wie auch menschliche Körper zuweilen Gift-

12 Shiva geht der Tat oder Brahma, als dem Wunsch zu leben, voran und folgt wiederum Vishnu oder dem Wissen als Zerstörer und Erneuerer. Shiva als Wunsch agiert und reagiert, zieht an und stößt wieder ab. Mars-Typen stehen unter diesem Aspekt des Logos.

stoffe abgeben und verwandeln. Die Folge ist eine Störung im kollektiven Astral- oder Emotionalkörper der Menschheit; und jene, die noch nicht die Selbstkontrolle erlangt haben, geben sich der Promiskuität, dem Alkoholismus oder gar krimineller Aktivität hin. Das ist es, was zurzeit geschieht, und zumal in so großem Maßstab, dass es unweigerlich das Menschengeschlecht und seine Entwicklung beeinträchtigt. Wenn Sie Ihren astrologischen Freund fragen, wird er Ihnen sagen, dass der Einfluss des Mars dafür verantwortlich ist.

J. M. H. sah auf seine Uhr.

»Aber jetzt muss ich Sie verlassen, da ich mich um einige Dinge mit unserem Gastgeber kümmern muss ... Ich würde Ihnen einen Bummel im Garten vorschlagen«, bemerkte er, als er mich durch die Ahnengalerie zurückführte.

»Wir werden um acht Uhr dinieren ... Übrigens«, fügte er noch hinzu, »würde Sir Thomas es schätzen, wenn Sie, solange Sie hier sind, sich innerhalb des Grundstückes aufhielten.«

Bevor ich noch antworten konnte, war er gegangen.

10 · Gespräche der Meister

Welch eine ungewöhnliche Auflage, dachte ich bei mir, als ich in die Abendluft hinausging. Wäre ich nicht durch J. M. H. hierher gekommen, hätte ich mich bei diesem Gedanken ungemütlich gefühlt. Auf einen Landsitz eingeladen und dann wie ein Gefangener behandelt zu werden, war, gelinde gesagt, seltsam. Und wer war überhaupt dieser geheimnisvolle alte Herr? Denn plötzlich fiel mir auf, dass ich noch nicht einmal seinen Nachnamen wusste! Hatte J. M. H. ihn mit Absicht unterschlagen, als er uns miteinander bekannt machte? Dann fiel mir ein, dass ich keine Ahnung hatte, wo ich mich befand. Wir waren Meilen über Meilen mit dem Wagen gefahren …

Auf einmal kam mir die Idee, dass Sir Thomas aus irgendeinem Grund nicht wünschte, dass ich die Sachlage kannte und es deshalb schätzte, dass ich innerhalb des Anwesens blieb. Ja, aber warum? Ich gab es auf und begann mit Spekulationen darüber, welcher Art die Beziehung zwischen ihm und J. M. H. sein mochte.

Und dann wandten sich meine Gedanken J. M. H. selbst zu. Zum ersten Mal, seit ich ihn kannte, hatte er etwas müde ausgesehen, aber ansonsten war keine Veränderung seiner Erscheinung festzustellen. Aber seine Verhaltensweise schien mir anders. Er hatte seine angenommenen amerikanischen Charakteristika völlig abgeschüttelt und war wieder zu dem J. M. H. geworden, den ich vor Jahren schon kennengelernt hatte, mit jener leicht viktorianisch wirkenden Würde und einem Hauch von Feierlichkeit, die so bezaubernd war und in unserer Zeit leider ausgestorben zu sein scheint …

Nachdem ich einige Zeit in Gedanken versunken durch die Anlagen gewandert war, hörte ich eine Glocke läuten, offensichtlich das Signal zum Umkleiden; und so ging ich auf mein Zimmer zurück und zog mich für das Dinner an.

Der Speiseraum war eichegetäfelt. Wertvolle Gemälde – eines davon ein van Dyck – hingen an den Wänden.

Zu siebt nahmen wir am Tisch Platz. Außer Sir Thomas, J. M. H. und mir waren noch drei Männer da und eine ältere Dame, die ihren Platz am Ende der Tafel einnahm, gegenüber unserem Gastgeber, den sie, wie ich beobachtete, als »Onkel« ansprach. Wieder waren die Vorstellungen solcher Art, dass sie nicht viel an Informationen oder Namen offenbarten. Sir Thomas hatte einen Samtmantel umgelegt, in dem er malerisch und würdevoll zugleich aussah.

Die Mahlzeit war rein vegetarisch. Wein wurde nicht aufgetragen, und nach dem Essen rauchte auch niemand. Was immer auch Sir Thomas sonst sein mochte, er war offensichtlich ein bereits höher entwickelter Esoteriker. Er war auch ein Mann weniger Worte; wenn er jedoch sprach, dann geschah dies voller Autorität, und alle Anwesenden unterbrachen ihre jeweiligen Gespräche, um seinen Worten zu lauschen.

Ich habe vergessen, wie das Thema der Christlichen Wissenschaft aufkam, aber ich werde nie vergessen, wie er sagte: »Christliche Wissenschaft – hm! Effektiv, ja – aber nur für träge Egos[13], die in der gegenwärtigen Inkarnation kein weiteres Karma abzutragen wünschen.«

»Sehr wahr«, sagte J. M. H.

»Ein Patient auf wunderbare Weise vom Krebs geheilt«, fuhr Sir Thomas fort, »anderer Patient stirbt weniger wunderbar: Erster Patient, spiritueller Faulpelz – Persönlichkeit durfte ihren Willen haben; zweiter Patient – Persönlichkeit vom Ego kontrolliert.«

»Und das gilt nicht nur für Krankheiten«, sagte J. M. H. »Wie viele Menschen sehnen sich nach einer bestimmten Beschäftigung und sehen sich dann gezwungen, etwas ganz anderes zu tun! Dahinter steht das Ego, denn einem starken Ego geht es immer um die weitere Höherentwicklung – daher der Weg des *größten* Widerstandes.«

»Ja, in der Tat«, pflichtete Sir Thomas bei, »und klug sind jene, die den Ratschlüssen ihres eigenen Egos folgen, statt wider den Stachel

13 Ego (höheres Selbst) im Gegensatz zur irdischen Persönlichkeit.

zu löcken. Auf diese Weise entsteht die Hälfte des Unglücks auf der Welt.«

Ich dachte an Chris, deren Persönlichkeit wohl so weit in Übereinstimmung mit ihrem Ego gewesen sein musste, dass ihr schwieriges und problemreiches Leben so freudvoll erscheinen konnte.

Sir Thomas schwieg mindestens fünf Minuten, während denen er doch hin und wieder lächelte oder zur einen oder anderen Bemerkung zustimmend nickte. Doch obgleich er nichts sagte, wandten sich meine Augen immer wieder in seine Richtung, und je mehr ich ihn ansah, desto bemerkenswerter und liebenswerter erschien er mir. Und wieder machte ich mir Gedanken, wer und was er wohl sein könnte. Mochte er wohl einer der englischen Meister sein, und könnte J. M. H. sein Schüler gewesen sein?

Da wandte sich das Gespräch ins Politische, und obwohl ich dabei in Vielem nicht folgen konnte und es deshalb auch nicht niederzuschreiben vermag, prägten sich ein oder zwei Punkte meinem Gedächtnis ein.

»Nationen«, sagte J. M. H., »die durch Blutvergießen nicht lernen, werden jetzt gezwungen, ihre wechselseitige Abhängigkeit durch finanziellen Druck von allen Seiten zu erfahren; das wird von den Großen so eingerichtet, dass die Denker in der Welt der Wirtschaft erkennen können, dass Brüderlichkeit eine Tatsache der Natur ist und *nicht* nur eine nebulöse Theorie für Idealisten.«

»Erste Prinzipien der Bruderschaft vor zweitausend Jahren von Christus gepredigt«, bemerkte Sir Thomas, »aber ignoriert, weil bequem und preiswert; Bankrott unbequem, und deshalb effektiv.« Er schmunzelte. »Die Wenigen lernen durch Philosophie; die Vielen können nur durch ihren Geldbeutel lernen.«

Wir lachten über diese sarkastisch-humorvollen Worte.

»Sentimentaler oder Hurra-Patriotismus«, erklärte J. M. H., »ich meine von der Art des ›Herrsche, Britannien!‹ oder des ›Deutschland über alles‹ (im Original deutsch – Anm. d. Ü.) werden zu einem echten Verlangen nach internationaler Zusammenarbeit sublimiert werden müssen. Das Finanzwesen muss – und es wird auch eines Tages – international sein. Im Übrigen sind die Tage des Erwerbs neuer Kolonien vorüber.«

»Keine neuen Welten mehr zu erobern«, warf unser Gastgeber ein, »Land erobert, See erobert, Luft erobert – dem Menschen bleibt nur noch, unsichtbare Welten zu erobern, indem er sein Bewusstsein nach innen statt nach außen wendet.«

»Und wo hat die Kunst ihren Platz?«, fragte einer der Männer.

»Nur höchste Formen der Kunst, die große spirituelle Gedanken verkörpern, werden letztlich überleben«, antwortete Sir Thomas. »Kunst von schlauer Mittelmäßigkeit endet nur auf dem Müll, weil kein großer Gedanke dahinter. Mit Manierismen gefüttert, stirbt sie an Unterernährung.«

Wir erhoben uns vom Tisch und gingen in einen Gesellschaftsraum weiter, wo ein mächtiges Feuer viel zu hitzig loderte.

»Hm, hm, hm«, sagte der alte Herr. »Wollen mich meine Diener auf dem Scheiterhaufen verbrennen?«

Mit für sein Alter bemerkenswerter Beweglichkeit holte er einen schweren Kaminschirm vom hinteren Ende des Raumes und stellte ihn vor das Feuer. Ich bot meine Hilfe an, aber er lehnte sie ab. Dann setzte er sich in einen Sessel und verschwand hinter einem riesigen ledergebundenen Wälzer. Zwei der jungen Männer spielten Schach, während der dritte ihnen zusah. Unsere Gastgeberin legte Patiencen, und J. M. H. und ich blieben uns selbst, beziehungsweise einem gemeinsamen Gespräch überlassen. Nach einer Weile schlug er vor, nach draußen zu gehen. Im Mondlicht gingen wir auf der Terrasse auf und ab.

»Was für ein liebenswerter alter Herr«, war meine erste Bemerkung. »Aber es ist ein bisschen eigenartig, Gastfreundschaft zu genießen, ohne auch nur den Namen seines Gastgebers erfahren zu haben.«

»Wer Fragen gestellt bekommt über das, was er nicht weiß, dem bleibt es erspart, Lügen zu erzählen«, war die Antwort. Daraufhin stellte ich keine weiteren Fragen zu diesem Thema mehr.

»Lyall Herbert kommt morgen«, geruhte er mir nach einer Pause zu eröffnen.

Ich war von Herzen erfreut und sagte ihm das. Es schien mir auch nicht so ganz fair, dass ich der Einzige sein sollte, der von J. M. H.s Rückkehr erfuhr.

»Und Toni Bland?«, fragte ich. »Ich nehme an, Sie wissen, wie schwer er es zurzeit hat?«

»Ich weiß es.«

»Sie werden ihn natürlich auch treffen?«

»Nein«, sagte er.

Ich war wie vor den Kopf gestoßen. »Aber bedenken Sie doch, was es für ihn bedeuten würde, Sie zu sehen!«, konnte ich nicht zurückhalten.

Er lächelte ein wenig traurig. »Selbst Mitgefühl muss mit Weisheit verbunden sein. Sollte ich Toni Bland jetzt helfen, würde ich sein Weiterkommen auf Jahre hinaus aufhalten.«

»Das erscheint mir sehr befremdlich.«

»Die Wege des Karmas sind immer eigenartig. Aber was das Ego eines Menschen beschließt, darf nicht geändert werden, auch nicht von seinem Guru. Wie es in der Welt des Snobismus törichte Streber gibt, so sind auch, im Gegensatz zu Sir Thomas' ›geistigen Faulpelzen‹, in der Welt des Geistigen ›spirituelle Streber‹ – und Toni gehört zu letzteren, und er muss *allein* klettern.«

»Aber Sie könnten ihm doch wenigstens etwas Trost spenden ...«

»Würde ein Arzt ein Betäubungsmittel verabreichen, um Schmerz zu lindern, wenn er weiß, dass es nur den Gesundungsprozess aufhält?« Er hielt einen Augenblick inne und fügte dann hinzu: »Es gibt einige, denen wir mehr helfen können, indem wir ihnen nicht helfen. Trost ist nur eine feine Form vorübergehender Hilfe.«

»Und meine Frau?«, fragte ich weiter.

»Auch sie ist ein ›Kletterer‹, und aus diesem Grunde ist sie krank. Ärzte mögen ihr ein wenig helfen, aber der Tag ihrer Heilung ist noch nicht gekommen. Sie wird durch Leiden weiterkommen, und Sie werden durch Geduld weiterschreiten. In einem früheren Leben hat sie sich um Sie gekümmert; in diesem Leben sollen Sie sie pflegen. Und tun Sie das wohl, mein Sohn.«

»Was ich meine, war, ob Sie sie zu sehen beabsichtigen?«

Er schüttelte den Kopf. »Damit würde ich die Sache nur verschlimmern.«

»Das kann ich aber wirklich nicht verstehen«, rief ich, da ich wusste, wie enttäuscht Viola sein würde.

»Wenn Sie alles verständen, bräuchten Sie nichts mehr zu lernen. Aber wenn Sie es genau wissen wollen, dann können Sie Ihren Freund fragen.«

»Sie meinen Anrias?«

»Ich meine Anrias.«

»Halten Sie ihn für zuverlässig?«, fragte ich. »Ich meine nicht Astrologie, sondern seine Fähigkeit, sich auf die Meister ›einzustimmen‹. Man muss ja so vorsichtig sein.«

»Hellsichtige, die nur hell*sehen* können, neigen dazu, sich täuschen zu lassen«, antwortete er. »Wer aber zwischen verschiedenen Arten von Schwingungen unterscheiden kann, auf den kann man sich verlassen. Ja, Sie können Ihrem Freund vertrauen.«

Wir verließen die Terrasse und folgten einem Labyrinth von Wegen, über die die Bäume im Mondlicht seltsame Schatten warfen. Es gab noch zahlreiche Fragen, die ich gerne gestellt hätte, aber ich spürte, dass J. M. H. in meditativer Stimmung war, und so wollte ich seine Gedanken nicht stören. Die Luft war frostig geworden, und ich zitterte. »Lassen Sie uns ins Haus zurückgehen«, sagte er schließlich.

Die beiden Männer hatten gerade ihr Schachspiel beendet, als wir eintraten, und Sir Thomas stand bei ihnen und deutete auf das Brett.

»Lästiger Bursche, dieser Springer«, sagte er. »Königin hätte ihn schon vor fünf Zügen abservieren sollen.«

»Aber sein Turm war im Wege«, hielt ihm der Verlierer entgegen.

»Hm, hm, hm – den hätten Sie schon zwei Züge früher mit dem Bauern schlagen sollen. Gute Nacht«, sagte er abrupt, winkte uns allen zu und verschwand.

Frage: Sie sagen, während man sich der Wahrheit allein durch individuelle Bemühung zu nähern vermag, dass die Arbeit andererseits kollektiv und von einer Autorität organisiert sein muss. Die geheime Bruderschaft der Adepten ist eine Gruppe von Menschen, die sich, wie Sie selbst, von allen Begrenzungen befreit haben und zur Wahrheit gelangt sind; aber, wie Sie selbst, haben sie ein gewisses selbst erwähltes Werk übernommen in Bezug auf die Förderung des allgemeinen Wohles der Welt. Sie inspirieren große Reformen in jeder Abteilung des Lebens und arbeiten mit Methoden, über die nur sehr wenig bekannt ist, die aber unermesslich wirkungsvoll sind. Ihre Zusammenarbeit ist vollkommen, ihre Organisation perfekt, sie erkennen einen absoluten Herrscher an – aber im Leben sind sie absolut frei. Solch eine Art zu leben scheint die logische Folge Ihrer Lehre. Verneinen Sie, dass das so ist? Oder gilt Ihre Herausforderung vielmehr der populären Verwechslung der Wahrheit mit organisiertem Wirken im Dienste der Menschheit?

Krishnamurti: Als erstes müssen Sie verstehen, was ich mit kollektiver und organisierter Arbeit meine. Sie behaupten, dass es eine geheime Bruderschaft gibt, die die Arbeit für die Menschheit organisiert zur Förderung des Wohles der Welt. Anzunehmen, dass es solche gibt, die Wissen besitzen, die Wahrheit erkannt haben und aufgrund dieser Erkenntnis Methoden gebrauchen, über die, wie es heißt, nur sehr wenig bekannt ist, wobei sie spezielle Vermittler und Botschafter erwählen, die ihre Arbeit verrichten und Organisationen inspirieren, die dessen würdig sind – in meinen Augen gründet eine solche Annahme auf einer Illusion, die dazu führt, dass der Mensch zu seinem eigenen »Wohle« ausgebeutet wird …

»*Star Bulletin*«, September 1931

11 · Die Wahrheit über Krishnamurti

Ein Konzert unzähliger Vogelstimmen weckte mich am nächsten Morgen, und ich blickte aus meinem Fenster auf die leuchtende Pracht der Narzissen, auf denen Tautropfen in der Morgensonne funkelten.

Aber wenn ich auch ein Frühaufsteher war, so hatte Sir Thomas mich doch schon überholt, denn ich konnte ihn – wie gewöhnlich mit seinem Käppchen – sehen, wie er einen der Wege entlangging, der ein großes Blumenbeet säumte. Hin und wieder beugte er sich nieder, um die eine oder andere der Pflanzen zu begutachten oder um einen großen Hund zu streicheln, der ruhig neben ihm herging. Da gesellte sich seine Nichte zu ihm; sie begrüßte ihn mit einem Kuss, und er streichelte daraufhin liebevoll ihre Wange. Dann schlenderten sie gemeinsam den Pfad entlang, gingen um eine Kurve und waren meinem Blick entschwunden.

Es blieben immer noch eineinhalb Stunden bis zum Frühstück, und so legte ich bequeme Kleidung an und ging hinaus in den Garten, dem Beispiel meines Gastgebers folgend. Ich fühlte mich zu dem alten Herrn so stark hingezogen, dass ich hoffte, ihm zu begegnen. Zur gleichen Zeit hütete ich mich jedoch, seine Privatsphäre zu stören. Jedenfalls aber sollte ich enttäuscht werden, denn ich bekam ihn bis zum Lunch nicht mehr zu sehen.

Es war ein denkwürdiger Lunch. Wir waren nur zu viert – Sir Thomas, J. M. H., ich und einer der anderen Männer. Der letztere kam einige Minuten zu spät und trat erst ein, als wir anderen bereits Platz genommen hatten. In seiner Hand hielt er Krishnamurtis *Star Bulletin*. Er öffnete es und reichte es dann Sir Thomas, wobei er auf einen bestimmten Abschnitt deutete. Der alte Herr las ihn, gab keinerlei Kommentar über sein übliches »Hm, hm ...« hinaus und gab es weiter zu J. M. H., der einen Blick darauf warf, bedeutsam zu Sir Thomas lächelte und es dann auf die Seite legte. Aber ich hatte nicht vor, mir eine solche Gelegenheit entgehen zu lassen. Hier war ich wenigstens in der Lage, etwas wirklich Maßgebliches über die umstrittene Person Krishnamurti zu hören.

»Das *Star Bulletin* – ich erhalte es selbst. Aber wie Sie sehen«, fügte ich lächelnd hinzu, »glaube ich immer noch an Meister.«

»Bin erfreut, dass das noch jemand tut«, bemerkte Sir Thomas mit gutgelaunter Ironie; »meine Güte, wenn Krishnamurtis Vorstellungen universal akzeptiert wären, könnte der eine oder andere von uns auf andere Planeten abziehen.«

Ich spitzte sofort die Ohren und warf J. M. H. einen Blick zu, der nur sagte: »Das ist ein wahres Wort …« und es mir überließ, den begonnenen Satz zu Ende zu denken.

»Dann nehme ich an, Sir Thomas«, wagte ich mich weiter vor, »dass Sie ganz und gar nicht Krishnamurtis Methoden zustimmen?«

»Leider *hat* er keine anständigen Methoden, seit er sich der Arhat-Einweihung unterzogen hat und aufhörte, das Medium für den Lord Maitreya zu sein.[14] Besser, er hätte sich aus dem öffentlichen Leben zurückgezogen, um in Abgeschiedenheit zu meditieren, wie es Arhats in früheren Zeiten taten.«

»Ich bin mir etwas unsicher in Bezug auf jene Arhat-Einweihung«, flüsterte ich dem Mann neben mir zu.

»Es ist eine, bei der der Meister alle Führung von seinem Schüler abzieht, der dann vielleicht die schwierigsten Probleme handhaben muss, ohne dass es ihm erlaubt ist, Fragen zu stellen«, erklärte er mir; »er muss sich vollkommen auf sein eigenes Urteil verlassen, und wenn er Fehler macht, muss er die Konsequenzen tragen.«

»Und was hat Krishnamurti getan?«, unterbrach mein Gastgeber, der offenbar zugehört hatte. »Weil er wusste, dass er Kenntnis erlangen würde, gab er es als Erster bekannt. Mit anderen Worten, er ließ sich von der Weißen Loge forttreiben und wies uns alle zurück.«

14 Der Lord Maitreya ist der, der alle zweitausend Jahre sein Amt als Weltlehrer erfüllt, indem er ein speziell vorbereitetes Medium überschattet, um eine neue Lehre zu verbreiten, die für die künftige Entwicklung der Menschheit geeignet ist. Das letzte Mal, vor zweitausend Jahren, wurde Jesus sein Medium und gab sich selbst im Alter von dreißig Jahren zu diesem Zweck auf. Für ein ähnliches Schicksal war Krishnamurti vorgesehen worden.

»Und leider«, ergänzte J. M. H., »verleitete er andere, die sich in der spirituellen Entwicklung weit unter seiner Stufe befinden, das Gleiche zu tun. Statt die neue Lehre zu verbreiten, die so dringend benötigt wird, floh er darüber hinaus vor der Verantwortung seines Amtes als Prophet und Lehrer, indem er sich einer früheren Inkarnation zuwandte und einer Weisheitslehre seines uralten Volkes, die Ihnen bekannt ist, die jedoch sinnlos ist für die westliche Welt unserer Zeit.«

»Dann hatten wir also recht!«, rief ich. »Es *ist* doch Advaita, was er lehrt?«

Er nickte.

»Aber jene, zu denen er spricht, denken, sie vernähmen eine neue Lehre, und als solcher wird ihr zu viel Gewicht beigemessen«, fuhr Sir Thomas fort. »Die Botschaft, die er hätte überbringen sollen, hat er nicht verbreitet – oder nur zum Teil. Nichts über Kunst – keine Pläne für die neue Menschheit – erzieherische Pläne fallengelassen – und anstelle von all diesem: Advaita, eine Weisheitslehre für Schüler und einen der am leichtesten falsch zu verstehenden Wege zur Befreiung.«

»Dann können wir also davon ausgehen«, wagte ich zu folgern, »dass Krishnamurtis Mission ein völliger Misserfolg war?«

»Mein Freund«, sagte der alte Herr, »Sie stellen viele Fragen; was werden Sie mit den Antworten anfangen, wenn wir sie Ihnen geben?«

Ich war nahe daran, mich zu entschuldigen, aber ich fühlte mich gedrängt, auszusprechen, was mich bewegte. »Sir Thomas«, erwiderte ich, »wegen Krishnamurti sind viele Menschen in großer Bedrängnis; wenn Sie so gütig wären, mich ein wenig weiter aufzuklären, könnte ich vielleicht imstande sein, jenen etwas zu helfen.«

»Gut!«, rief er, »die Motivation ist rein. Ihre Fragen sollen beantwortet werden.«

Ich begann, meiner Dankbarkeit Ausdruck zu geben, aber er winkte freundlich ab und sprach weiter: »Wer versucht, Advaita zu lehren und lässt alle Sanskrit-Begriffe außer Acht, beschwört sein Scheitern herauf. Sanskrit-Worte enthalten eine geheime Schwingung, die verlorengeht, wenn man sie übersetzt. Westliche Worte sind nicht geeignet, um subjektive Bewusstseinszustände zu beschreiben, weil ihre

Assoziationen hauptsächlich weltlich sind.« Er hielt einen Augenblick inne, um weiter zu essen, und fügte dann hinzu: »Mein Bruder Koot Hoomi hat wohl gesprochen, als er sagte, dass Krishnamurti all die vielen Treppen zu Gott zerstört hat, während seine eigene nicht bis ans Ziel führt.«

»Und auch nie geeignet wäre für alle, in jedem Fall«, ergänzte J. M. H.

»Und da sie unvollkommen ist«, nahm der alte Mann den Faden wieder auf, »kann sie zu Gefahren führen, die jene nicht vorhersehen können, die sie betreten. Gefahr Nummer eins: Krishnamurti verwirft altehrwürdige Definitionen und Klassifizierungen und lässt so den geistig Strebenden ohne echte Maßstäbe und Wertvorstellungen. Gefahr Nummer zwei: Das Beschreiben seines speziellen Weges verlangt nach dauernder Meditation, die wiederum den ständigen Schutz eines Gurus notwendig macht – und Gurus werden von Krishnamurti nicht erlaubt«, schloss er mit einem Zwinkern.

»Aber«, fragte ich, »ist der Schutz eines Gurus *immer* notwendig für die Meditation – ich meine, auch wenn man sie in kleinen Dosierungen übt?«

»Natürlich kann die Meditation in mäßigem Umfang auch ohne einen Guru auf sicheren Wegen praktiziert werden«, antwortete J. M. H., »aber wie Sir Thomas sagt, führt lange fortgesetzte Meditation zu Bewusstseinszuständen und Reisen in andere Ebenen, wo die Führung durch den Meister absolut unverzichtbar ist. Ein weiterer Schönheitsfehler an dem Advaita, den Krishnamurti verbreitet, ist, dass er die Persönlichkeit anspricht, den irdischen Menschen, als wäre er gar die Monade oder zumindest das Ego. Natürlich ist die Monade, der göttliche Funke, absolutes Sein-Wissen-Glückseligkeit und daher ewig frei, aber das bedeutet nicht, dass die Persönlichkeit hier unten, eingetaucht in endlos erscheinende karmische Probleme, deren Bewusstsein teilen kann oder zumindest das des Egos – der Verbindung zwischen der Persönlichkeit und der Monade. Krishnamurtis Advaita, der nicht zu verwechseln ist mit der anerkannten Form dieser edlen Weisheitslehre, wird, wie ich fürchte, seine Anhänger nirgendwohin führen, außer vielleicht zu Scheinheiligkeit und Selbsttäuschung.«

Sir Thomas nickte zustimmend. »Und während er sie angeleitet hat, alle Meister abzulehnen, weigert er sich selbst, ihnen ihr Guru zu sein.« Der alte Herr schwieg einen Augenblick und schüttelte dann traurig den Kopf. »Kinder schreien in der Nacht geistiger Verdunkelung, und keiner hilft ihnen … Der, der helfen könnte, tut es nicht, und wir, die helfen möchten, können es nicht, denn Zweifel hat ihren Glauben an unsere Existenz vergiftet. Kein Wunder, dass Koot Hoomis Züge etwas traurig aussehen.«

Er wandte sich zu dem großen Hund, der die ganze Zeit mit für seinesgleichen erstaunlicher Selbstkontrolle völlig still dagesessen und zu ihm aufgeblickt hatte. Als er ihn streichelte, sagte er: »Mein Freund, selbst wenn der König dir sagte, dein Herr und Meister sei überflüssig – ich denke nicht, du würdest ihm Glauben schenken, hm?«

Der Hund wedelte mit dem Schwanz und schmiegte sich eng an Sir Thomas' Knie.

Dieses Bild werde ich nicht vergessen: Der eichegetäfelte Raum, die alten Bilder, die lange Tafel, die Sonne, die ihre Strahlen durch die rautenförmigen Fensterscheiben warf, und schließlich jener eindrucksvolle, liebenswerte alte Herr mit seinem samtenen Käppchen und dem treuen Gefährten an seiner Seite. Ich fühlte mich zurückversetzt in eine Welt, in der hupende Autos, Getriebe und Hetze nur wie misstönende Trivialitäten eines Albtraums erschienen.

Und doch waren inmitten dieser Atmosphäre anheimelnder Ruhe und Gelassenheit unsichtbare Mächte am Wirken, die die Wege der Menschheit begleiteten und ausrichteten. Wie geehrt fühlte ich mich, dass Sir Thomas mir so viel Vertrauen zeigte, mir nicht länger die Tatsache zu verbergen, dass er ein Meister war.

Der Diener war hereingekommen, um den nächsten Gang aufzutragen, und hatte sich wieder zurückgezogen. Ich bemerkte, dass er nie erschien, ohne vorher durch einen elektrischen Klingelknopf gerufen worden zu sein, der in Reichweite von Sir Thomas' Hand war. Die Gespräche in diesem Hause waren offenbar selbst während der Mahlzeiten von zu großer Tragweite, als dass sie hätten mitgehört werden dürfen.

Ich hatte noch einige Fragen über Krishnamurti bereit, war mir aber im Augenblick nicht darüber im Klaren, wie ich sie einleiten sollte, ohne neugierig zu erscheinen.

»Wollen Sie mir bitte vergeben«, sprach ich meinen Gastgeber an, »wenn ich auf das Thema zurückkomme, das wir vorhin besprachen …?«

»Was! Noch mehr Fragen?«, erwiderte er mit scheinbarer Strenge. »Als Nächstes werden Sie uns noch einen Fragebogen vorlegen! – Nun, was darf es denn sein?«

»Vielleicht erinnern Sie sich, dass ich Sie fragte, ob Krishnamurtis Mission als völliger Misserfolg zu betrachten sei.«

»Das ist wahr. Ein Erfolg, solange er noch überschattet war vom Weltlehrer, wie ich schon vorhin andeutete – danach ein Reinfall. Leistete gute Arbeit, indem er die Menschen lehrte, von ihrem eigenen Gehirn Gebrauch zu machen, und ihnen zeigte …« Er brach ab und winkte J. M. H. zu: »Kommen Sie«, forderte er ihn mit einem Augenzwinkern auf, »das ist Ihr Schüler. Sie werden den alten Herrn doch nicht die ganze Arbeit tun lassen!«

»Bei Ihnen ist er in besseren Händen als in meinen«, erwiderte J. M. H. lachend. Doch er fuhr fort: »Krishnamurti kam, um die alte Ordnung der Dinge zu zerbrechen als Vorbereitung für die neue, aber er hat zu viel von der Vergangenheit niedergerissen und nichts für die Zukunft vorbereitet. Die alte Ordnung ist zwar vorbei und kann nicht wiederhergestellt werden. Auch die Tage blinden Gehorsams gegenüber den Führern sind vorüber. Doch das Heil ist nicht zu erlangen, indem man lediglich Persönlichkeiten anbetet und alles, was sie von sich geben, als Evangelium annimmt, denn anzunehmen bedeutet nicht notwendigerweise, auch zu verstehen. Selbst ein so Erhabener wie der Buddha sagte: ›Glaubt nicht alles, nur weil ich es sage.‹«

»Man mag ihn als Vorboten bezeichnen, der in diesem Zyklus notwendig war, aber nicht wirklich als den Weltlehrer«, warf Sir Thomas ein. »Weltlehrer erwarten wir nicht vor Ende dieses Jahrhunderts.«

»Aber warum sollte gar ein Vorbote …«, begann ich.

»Wer sollte über einen anderen richten, ohne seine Schwierigkeiten zu kennen«, schnitt Sir Thomas mir das Wort ab. »Auch Qualität kann ihre Mängel haben. Brauche ich Sie zu fragen, ob Sie je den ›Parzifal‹ gehört haben? Nein, denn Sie lieben die Musik, wie ich auch.

Krishnamurti ist von parzifal-ähnlicher Naivität. Weil er einen bestimmten Bewusstseins- und Entwicklungsstand erreicht hat, vergisst er in seiner Bescheidenheit zu erkennen, dass andere ihn noch nicht erreicht haben. Deshalb verschreibt er anderen, was nur für ihn selbst geeignet ist.«

Er erhob sich von seinem hochlehnigen Stuhl. »Komm«, sagte er zu seinem Hund, »wir wollen einmal in den Garten gehen und den Narzissen die Ehre erweisen, bevor mein Besucher ankommt. – Um vier Uhr in der Bibliothek«, sagte er noch zu J. M. H. und ging hinaus.

12 · J. M. H. über verschiedene Themen

Nach dem Lunch nahm mich J. M. H. mit zum Seerosenteich, in einem von Immergrün umgebenen, abgeschiedenen Teil des Gartens. Hier wurde nicht nur dem Auge, sondern auch dem Ohr etwas geboten, denn ein kleiner Springbrunnen ließ das Wasser über die bemoosten Steine herunterplätschern. Vor dem Teich war eine Steinbank, auf der wir uns niederließen und die flachen Blätter der Seerosen betrachteten, über denen ein Pärchen früher Zitronenfalter einander im Sonnenlicht verfolgte. Eine Atmosphäre himmlischen Friedens erfüllte die ganze Szene, und J. M. H. teilte mir mit, dass Sir Thomas häufig an diesen Ort käme, um zu meditieren.

Lange Zeit schwiegen wir, und J. M. H. schien in Gedanken weit fort zu sein.

»Erinnern Sie sich gut an alles, was Sie beim Lunch gehört haben«, sagte er; »es ist wichtiger noch, als Sie es jetzt erkennen können. Später einmal werden Sie wissen, warum.«

Ich versicherte ihm, dass ich nicht im Traum daran dächte, es zu vergessen.

»Sehr gut«, meinte er, »und jetzt fragen Sie mich, was immer Ihnen am Herzen liegt. Die Zeit steht nicht im Übermaße zur Verfügung.«

Ich hätte ihn am liebsten vieles über ihn selbst gefragt, aber ich verzichtete darauf, denn viele Fragen hätten zu sehr nach persönlicher Neugier geklungen, und ich hatte das Gefühl, mich auf Dinge beschränken zu sollen, die von Bedeutung waren und in Verbindung mit unmittelbaren Problemen standen. Alles, was ich gerade erfahren durfte, hatte mir in mancher offenen Frage beträchtlich weitergeholfen, aber bei verschiedenen Punkten war ich noch immer unsicher.

»Nun«, half er mir, »sind die Fragen denn so schwierig?«

»Sie richtig zu stellen – ja. Aber … Im vorigen Jahrhundert gaben die Meister durch ihr Medium H. P. B.[15] gewisse Lehren heraus, um die Entwicklung der Menschheit zu fördern, nicht wahr?«

»So ist es.«

»Die Meister wirken durch sie und die Theosophische Gesellschaft, um die Menschen zur Erkenntnis ihrer Existenz zu bewegen …«

»Ganz richtig.«

»Nun, offensichtlich haben sie jetzt ein anderes Medium hervorgebracht, das die Theosophische Gesellschaft und die Meister selbst ablehnt und das, wenn Sie so wollen, sich reichlich undankbar hinsichtlich der Medienschaft äußert und die Überschattung als Ausbeutung bezeichnet: Was hat dies zu bedeuten?«

»Das bedeutet, dass die Meister weder allmächtig noch allwissend sind«, antwortete J. M. H. »Sie haben sich zu bescheiden mit dem besten Werkzeug, das sie im Augenblick für ihre Zwecke finden können, aber sie können im Voraus nicht sicher sein, wie das Experiment ausgehen wird. Wie rein ein Medium auch sein mag, muss es sich doch immer noch mit allen möglichen äußerlichen Schwierigkeiten zurechtfinden, die sich nicht hätten voraussagen lassen. Wenn der Mann jung und hübsch ist, könnte er sich beispielsweise von der Bewunderung und Anbetung der Frauen, ihren Eifersüchteleien und Annäherungsversuchen und so weiter hinreißen lassen; und je sensitiver er ist, um so störender mag sich all dieses auswirken.« Er hielt einen Augenblick inne und sagte dann ernst:

»Der Liebe Ausdruck zu geben, erfordert fast mehr Weisheit als alles andere. Zu wissen, wie, wann und wo, setzt äußerste Unterscheidungsfähigkeit voraus. Wenn Krishnamurti nicht alles, was man sich erhofft hatte, erreichte, dann liegt der Fehler nicht allein bei ihm … Ja, in der Tat«, fuhr er mit veränderter Stimme fort, »geben nicht Männer, sondern Frauen die besten Medien für die Großen ab. Das ist der Grund, warum H. P. B. und A. B.[16] weibliche Körper annahmen. Männer sind besser geeignet als Okkultisten, Frauen als Medien. Eine Frau gibt sich, beziehungsweise ihre höheren Körperhüllen, von Natur aus leichter dem Meister hin, als es ein Mann täte.«

---

15 Helena Petrovna Blavatsky.

16 Helena Petrovna Blavatsky und Annie Besant.

»Insgesamt ist die Medienschaft auf so hoher Stufe eine höchst heikle und komplizierte Angelegenheit. Nur jene, die alle ihre persönlichen Wünsche und Verdrängungen aufgearbeitet haben, können wirklich *willige* Medien für die Meister werden – und sie erleben die Seligkeit, wie Ihre Bekannte, die nun hinübergegangen ist … Die Unwilligen haben das Gefühl, ausgenutzt zu werden, und erleben ein Gefühl der Frustration. Krishnamurti war von Anfang an ein unwilliges Medium, und nur weil sich die Welt in einer so ernsten Lage befand, riskierte der Lord Maitreya das Experiment, ihn zu überschatten.«

Er beugte sich nieder, um ein Rotkehlchen zu streicheln, das sich furchtlos in die Nähe seiner Füße gewagt hatte. Der kleine Vogel hüpfte auf seinen Finger, wo er ein paar Augenblicke fröhlich mit den Flügelchen schlug; dann flog er davon. Ich wollte gerade etwas zu diesem reizenden Anblick sagen, als J. M. H. sich zu mir wandte und weitersprach: »Es kann nicht genug betont werden, dass die Höheren im Ausdruck ihrer Macht auf der physischen Ebene begrenzt sind, begrenzt durch das persönliche Karma der Individuen, denen sie zu helfen wünschen, und das selbst sie nicht außer Acht lassen dürfen, und schließlich vielleicht am weitesten eingeschränkt durch diese immer weiter anwachsende Welle des Zweifels, der gerade jene Verbindungen zerstört, durch die allein die Hilfe von den höheren zu den niederen Ebenen gelangen kann. Es ist nicht übertrieben zu sagen, dass jede Seele, die den Glauben an die Meister verliert, die Ausdrucksmöglichkeit ihrer Macht hier unten schwächt. Manche haben den Glauben verloren, weil sie sich vorstellten, die Großen hätten völlig freie Hand, ihre Pläne zum Wohl ihrer Schüler oder der Menschheit im Ganzen auszuführen, und sind schwankend geworden in ihrer Treue, sobald diese Pläne sich nicht materialisiert haben. Andere wiederum sind, verwirrt und verstört in ihrem Denken, mehr und mehr dazu übergegangen, sich dem Gedanken anzuschließen, dass jene, an die sie selbst sich um Hilfe und geistige Führung wandten, nur mythische Gestalten waren. Und so zweifeln die einen an der Existenz der Meister, weil sie keinen Beweis ihrer Macht sehen, und andere zweifeln, weil ihre ganze Sicht verzerrt ist.

Und doch sei sowohl denen, deren Glauben erschüttert wurde durch das, was wie ein Versagen der Meister erscheinen würde, versichert, dass ungeachtet der Dunkelheit unserer Zeit, trotz der Beschränkungen, denen die Meister in der äußeren Welt unterworfen sind, ihre Liebe und ihr Mitgefühl niemals nachlassen werden ... und obgleich sie wohl keine Wunder wirken mögen, um die Last von den Leidenden und Erschöpften abzunehmen, sind sie froh und bereit, von ihrer geistigen Stärke jenen zu geben, die noch immer das gläubige Vertrauen haben, darum zu bitten ...«

Ein langes Schweigen folgte darauf, das nur von einer frühen Singdrossel in einem benachbarten Baum unterbrochen wurde.

Ich machte mir meine Gedanken über das, was er gesagt hatte, aber am Ende sah ich mich gedrängt zu fragen, was schließlich der Ausgang der Situation sein würde. »Sehen Sie«, erläuterte ich, »die Schwierigkeit, diesen Zweifel zu bekämpfen, und die Not, die daraus erwachsen ist, ist doch, dass die Menschen sich vorstellen, dass sie es nicht wagen dürfen, einen Mann zu kritisieren, den sie für den Weltlehrer halten ...«

»... und der sie jetzt doch selbst lehrt, dass keiner, wie hochstehend auch immer er sei, sie überhaupt irgendetwas lehren kann«, ergänzte J. M. H.

»Aber das waren ja fast die gleichen Worte, die auch Toni Bland gebrauchte!«, rief ich überrascht.

»Und ich habe ihm eingegeben, sie auszusprechen«, erwiderte er ruhig.

»Das – so etwas können Sie Toni eingeben?«

»Warum nicht?«, J. M. H. lächelte. »Ich habe ihn über Jahre hinweg ausgebildet, dass er empfänglich wird für meine Gedanken.«

»Das mag wohl die Erklärung sein ... Er brachte häufig die erstaunlichsten Dinge heraus, und auch Viola fühlte sich so zu ihm hingezogen ...« Ich war gewiss überrascht über diese Entdeckung. Mit keinem Wort hatte Toni je davon gesprochen. Meine Gedanken fanden zurück zu jenem Tag, an dem er zum ersten Mal zu uns zum Tee gekommen war. »Aber warum sollten Sie sich die Mühe gemacht haben, ihn bei einem solchen Anlass zu inspirieren?«, musste ich ihn einfach fragen; »es waren da doch nur Mrs. Saxton und ...«

Er unterbrach mich. »Hat Mrs. Saxton ihr Glück oder spirituellen Nutzen daraus gezogen, dass sie die Meister ablehnt?«

»Das glaube ich kaum«, antwortete ich lachend.

»Vor vielen Jahren hatten Sie mich gebeten, mich um sie zu kümmern – warum?«

»Nun … ja, ich dachte, Sie könnten ihr ein wenig weiterhelfen. Aber ich fürchte, sie ist ein hoffnungsloser Fall.«

»Wenn Sie einen blinden Hund sehen – ganz gleich, wie unattraktiv und unbedeutend er sein mag –, der auf einen Abgrund zugeht – würden Sie nicht versuchen, ihn aufzuhalten?«

»Gewiss!«

»Nun, ich habe nur versucht, die Frau davor zu bewahren, abzustürzen … wenn auch mit wenig Hoffnung auf Erfolg«, fügte er hinzu.

Plötzlich kam mir eine andere Frau in den Sinn, der J. M. H. geholfen hatte. »Übrigens«, sagte ich, »in jenem letzten Buch, das ich über Sie geschrieben habe …«

Er nickte fragend.

»Ihre Bemerkungen über Eifersucht oder vielmehr Nicht-Eifersucht – ich fürchte, einige Leute haben sie ein wenig missverstanden.«

»Die Leute missverstehen viele Dinge, wenn es ihren Zwecken dienlich ist.«

»Erinnern Sie sich an Gertrude Wilton?«

»Das tue ich. Zuweilen ehrt sie mich, indem sie einen Gedanken in meine Richtung schickt«, bemerkte er lächelnd.

»Dann wissen Sie also, was ich sagen möchte?«

»Die Worte sind uns gegeben, um unsere Gedanken mitzuteilen«, erwiderte er. »Warum sollten wir keinen Gebrauch davon machen? Was ist mit Gertrude Wilton?«

»Sie hat sich selbst zur Pionierin der neuen Moral ernannt, und ihrem Gatten gefällt das nicht. Ich wurde in die Sache hineingezogen.«

J. M. H. blickte etwas belustigt. »Als Schiedsrichter?«, fragte er.

»Mehr oder weniger. *Er* wollte sogar, dass ich Ihnen davon schreibe. Das haben übrigens auch andere in ähnlichen Krisen getan.«

»So habe ich Schande über die Ehemänner gebracht?«, fragte er, aber seine Augen lächelten.

»Um diesem Gerechtigkeit widerfahren zu lassen: Das war nicht der Streitpunkt. In der Tat verhielt er sich sehr anständig …«

»Fürwahr«, warf J. M. H. ein, »er hat sich verdient gemacht.«

»Aber als es dazu kam, dass seine Frau es über den ganzen Ort ausposaunte und behauptete, die ganze Affäre sei nur – nun, um die Seele ihres Geliebten zu veredeln …«

»Und welche Schritte haben Sie unternommen?«, fragte J. M. H.

»Ich teilte ihr mit, wenn sie diese Affäre unbedingt haben müsste, hätte sie auch dem Umstand ins Auge zu sehen, dass sie es ihres eigenen Vergnügens wegen so wollte, und somit sollte sie den ›Vorreiter der neuen Moral‹ aus dem Spiel lassen.«

J. M. H. lachte.

»Ich empfahl ihr auch, sich zumindest einmal Gedanken zu machen über die Position ihres Mannes und die Sache nicht weiter von den Dächern zu verkünden. War das richtig?«

»Sie hätten unter diesen Umständen nichts anderes tun können. Und ich denke, es hat die erwünschte Wirkung gezeitigt«, fügte er nach einigen Augenblicken hinzu, in denen er nachzuspüren schien, was tatsächlich geschehen war. Dann sagte er: »Es gibt niemanden, der so unehrlich mit sich selbst ist wie eine Frau, die ihren eigenen Neigungen nachzugehen wünscht.«

»Das habe ich ihr auch gesagt.«

»Gut«, lobte er mich. »Sie haben offenbar in Ihrer derzeitigen Inkarnation etwas über Frauen gelernt – und das ist mehr, als man von sehr vielen Männern sagen könnte!«

Er fuhr fort und erzählte mir, wie die Meister versuchten, das moralische Gleichgewicht herzustellen, und warum er einmal diese Gedanken über die Eifersuchtslosigkeit weitergegeben hatte.[17]

»Die Eifersucht bei den Männern«, erklärte er, »hatte ihren Ursprung in einem Instinkt, die werdende Nachkommenschaft zu schützen. Wenn eine schwangere Frau sich der Promiskuität erfreut, schädigt sie das ungeborene Kind, indem sie zur Empfängerin von verschiedenartigem Magnetismus wird. Eifersucht in ihrer ursprünglichen Form war daher ein Schutz gegen diese Möglichkeit, aber, wie auch viele andere berechtigte Instinkte, geriet sie außer Kontrolle und degenerierte zu einem Vorwand für Besitzansprüche, Grausamkeit und ähnliche Übel, bis hin zu Mord und Selbstmord. Durch Eifersucht sind Tausende von Familien zerbrochen und Kinder der Vorteile des

17 Siehe *Der Eingeweihte in der Neuen Welt*, Kapitel 14.

Familienlebens beraubt worden. Um all diesem entgegenzuwirken, war es notwendig, das Ideal der Eifersuchtslosigkeit zu verbreiten, das damals aufrüttelnd und zugleich seiner Zeit voraus war. Doch wie alle diese Ideale entstellt und für egoistische Zwecke missbraucht werden können, so wurde auch dieses verkehrt.

Was ich vor einigen Jahren über das Thema gelehrt habe, hat noch immer Gültigkeit in Bezug auf die romanischen Völker und solche Menschen, die sich von ihren eifersüchtigen Leidenschaften verzehren lassen, aber für die erleuchteteren Menschen sind sie bereits Schnee von gestern. Auf jeden Fall befinden sich die Beziehungen zwischen den Geschlechtern in einem Übergangsstadium, das auf beiden Seiten Zugeständnisse und sehr feine Veränderungen erfordert.« Er machte noch weitere Ausführungen über die Charakteristika, denen wir in den Männern und Frauen in verhältnismäßig naher Zukunft voraussichtlich begegnen werden, und darüber, wie diese Charakteristika sich in Bezug auf die Moral auswirken werden; aber was er mir im Einzelnen mitteilte, darf derzeit noch nicht veröffentlicht werden.

Er erhob sich von seinem Platz. »Ich muss Sie jetzt verlassen«, sagte er. »Ich werde bis zum Dinner beschäftigt sein.«

13 · Die Zukunft Großbritanniens

Lyall Herbert war eingetroffen und hatte vor dem Abendessen eine Stunde mit J. M. H. unter vier Augen verbracht. Später wurde mir gestattet zu erfahren, dass ein Teil des Gespräches einer Abhandlung der esoterischen Aspekte der Musik gewidmet war. Herbert hatte bereits ein Buch über dieses Thema geschrieben, aber es sollten noch weitere Informationen verbreitet werden, sei es durch verschiedene Artikel oder möglicherweise ein zusätzliches Buch.

Auf die Mahlzeiten im Hause von Sir Thomas freute ich mich immer – zum einen, weil mein Gastgeber dabei anwesend war, und zum anderen, weil sie mir eine Gelegenheit boten, Wissen zu erwerben, das anderswo nicht zu erlangen war.

An jenem Abend wurde eine Reihe von Themen, die alle von esoterischer Bedeutung waren, besprochen; aber ich wurde in der Zwischenzeit gebeten, Diskretion zu wahren und wohl zu unterscheiden, wie viel von ihrem Inhalt auf den Seiten dieses Buches wiedergegeben werden sollte.

Sir Thomas machte eine höchst bemerkenswerte Prophezeiung, die besagte, dass im kommenden Zeitalter alle Künste mehr wissenschaftlichen Charakters sein würden, das heißt, spezifisch künstlerische Effekte, sei es der Farbe, des Tons, der Form oder des Rhythmus, würden bewusst und gezielt eingesetzt, um bestimmte Resultate zu erzielen. So würden anstelle der ultramodernen Musik, die sich als so ohrenzerreißend für den Uneingeweihten erwiesen hatte und allein geschaffen wurde, um die alten Konventionen und verderblichen Gedankenformen zu zerbrechen, Musiker von den Devas inspiriert, Kombinationen von Tönen aus den höheren Bereichen zu vermitteln, die helfend und heilend wirken können.

»Musik wird zweckmäßiger«, erklärte er in seiner knappen Weise; »selbst Religion wird wissenschaftlicher. Die Rolle der Priester wird teils den Musikern, teils ausgebildeten Psychoanalytikern zugewiesen. Wirkungen der Musik werden eines Tages die Wirkung von Zeremonien ersetzen; Psychoanalytiker werden den Beichtstuhl ersetzen. Zu viel erhabener Charakter wird von den Priestern erwartet – in der Folge entsteht Enttäuschung. Nicht so viel ist zu erwarten von den Künstlern.«

Er fiel in Schweigen, aber J. M. H. führte einige Punkte in Bezug auf die Psychoanalyse und manche unmittelbar mit ihr in Verbindung stehende Schwierigkeiten weiter aus.

»Natürlich«, sagte er, »wäre es das Ideale, wenn sie hauptsächlich von fortgeschrittenen Esoterikern praktiziert würde, statt von den Materialisten unserer Zeit, von denen einige es riskieren, so weit in das Unterbewusste einzudringen, dass sie Erinnerungen an frühere Inkarnationen zu Tage fördern, ohne überhaupt zu merken, was sie tun. Der esoterisch Geschulte mit hellsichtigen Fähigkeiten könnte aufgrund der Reaktionen in den feinstofflichen Körpern seines Patienten sagen, an welchem Punkt die Analyse aufzuhören hätte; dieser Punkt befindet sich gewöhnlich innerhalb der zeitlichen Grenzen des gegenwärtigen Lebens. Aber der Materialist, der vielleicht über den Gedanken an frühere Leben spottet und deshalb im Dunkeln tappt, mag weit zurückreichende Erinnerungen aufdecken, die das Denken eines sensiblen Patienten mit Schrecken erfüllen. Die Enthüllung all jener Begierden und Leidenschaften, die in längst vergangenen Zeiten unter anderen Moralkodizes erlebt wurden – all der vergessene Bodensatz früherer Leben, die ja weder vom Patienten noch vom Therapeuten als solche erkannt werden –, kann zu gefährlichen Zuständen voll Selbsterniedrigung und Melancholie führen.«

»Die Herren des Karma haben mit Absicht die Pforten der Erinnerung verschlossen«, sagte Sir Thomas nachdenklich. »Es ist nicht gut, dass das Bewusstsein eines Menschen mit Wissen um die Vergangenheit belastet wird, bevor er die Kraft hat, es zu ertragen. Psychoanalyse ist kein Spielzeug für Kinder. Wie Feuer – zerstörend oder läuternd. Deshalb können, wie J. M. H. sagte, nur Sehende und esoterisch Ausgebildete sie weise lenken.«

Er hielt einen Augenblick inne, und ein seltsam eindrucksvolles Schweigen senkte sich über den Raum. Endlich sprach er wieder.

»Ich schließe von Ihm, vor dem die Zukunft liegt wie ein aufgeschlagenes Buch, dass selbst die materialistischen Analytiker künftiger Zeiten zu erkennen gezwungen sein werden, dass die Analyse des Unterbewusstseins sinnlos ist, solange nicht das Ego des Patienten stark genug ist, nicht nur zu erreichen, dass die Persönlichkeit sich dem Auflösungsprozess vernünftig stellt, sondern auch hinterher jenes Unterbewusstsein aufbaut und die volle Kontrolle darüber übernimmt.«

Ein weiterer Gegenstand der Unterredung war die Zukunft des britischen Volkes. Sir Thomas erinnerte uns daran, dass früher oder später jede Nation in eine kritische Phase ihrer Geschichte gelangt. Während der nächsten dreihundert Jahre würde Großbritannien vor eine Wahl gestellt.

»Römer inkarnieren weniger«, stellte er fest; »ihr imperialistisches Werk ist vollbracht. Statt dessen inkarnieren mehr Griechen. Deshalb erscheint ein neuer Menschentyp. Griechische Fähigkeit zu metaphysischem Denken manifestiert sich als neue Form von Idealismus und Veranlagung, sich nach innen zu wenden und Verbindung mit höheren Welten aufzunehmen; griechische Liebe zur Schönheit manifestiert sich als künstlerisches Empfinden. Rückzug der Erstgenannten – wachsende Unfähigkeit, mit Problemen auf der physischen Ebene umzugehen. Rückzug Letzterer – der alte Grieche neigt zur Homosexualität. Damit fertig zu werden, das ist unser Problem.

Neue Lehren müssen entwickelt werden. Wenn diesen homosexuellen Tendenzen erlaubt wird, Amok zu laufen, ist Britannien dem Untergang geweiht, wie schon das antike Griechenland; wenn sie aber durch das metaphysische Element sublimiert werden, wird Britannien in Höhen spiritueller und künstlerischer Herrlichkeit aufsteigen und in dieser Richtung zum Pionier werden. Die Wahl ist klar« – er trommelte mit den Fingern auf den Tisch, um seine Worte zu unterstreichen –: »spiritueller Idealismus oder Abstieg in den Abgrund!«

Da entstand eine Pause, nach der J. M. H. sprach: »Die Homosexualität in Griechenland war teilweise Resultat der Perversion gewisser Lehren, die von einigen Adepten der platonischen Schule verbreitet wurden. Von der durchschnittlichen Frau erwartete man in Griechenland nicht, dass sie intellektuell war, und deshalb war der Mann zum Austausch metaphysischer Gedanken auf Angehörige seines eigenen Geschlechts angewiesen. Um diesen Gedankenaustausch zu fördern, bemühten sich diese Adepten, jene idealistische und aufopferungsvolle Freundschaft unter Männern anzuregen, die so häufig in der griechischen Literatur dargestellt ist. Dass sie sich zu den anstößigeren Formen der Homosexualität entwickelt hat, war ein Fleck auf der moralischen Ehre der Nation, den sie weder beabsichtigt noch vorhergesehen hatten.«

»Sie haben die Frauen Griechenlands erwähnt; wie steht es denn mit den Frauen von heute und in der Zukunft?«, wollte ich wissen.

»Weil die Männer sich mehr nach innen wenden«, antwortete J. M. H., »kehren sich die Frauen mehr nach außen.«

»Irgendwie muss ja ein Gleichgewicht sein«, warf Sir Thomas ein.

»Genau«, stimmte J. M. H. zu. »Da der neue Typ Mann eher zurückhaltend und nach innen gekehrt ist, wie Sir Thomas ausführt, werden die Frauen auf der anderen Seite größere Organisatoren, kompetenter im Geschäftsleben und so weiter.«

»Reichlich Gehirn, aber geneigt, ihre Intuition zu verlieren«, ergänzte unser Gastgeber. »Mittelmäßige Vertreterin des neuen Frauentyps in Gefahr, ausgeprägten Machtkomplex zu entwickeln; mittelmäßiger Vertreter des neuen Männertyps in Gefahr, zur Drohne zu werden, aufgrund konstitutioneller Verträumtheit und daraus resultierender Untauglichkeit in weltlichen Angelegenheiten. Es ist gut, dass meine Nichte nicht anwesend ist«, schloss er, »eine sehr feminine Frau … Keine einladende Aussicht – Männer werden Frauen, Frauen werden Männer … du meine Güte …« Er erhob sich vom Tisch inmitten des Gelächters, das seine Bemerkung und die Art und Weise, wie er sie aussprach, hervorgerufen hatte.

Nach dem Dinner spielte Lyall Herbert für uns, und es war offensichtlich, dass Sir Thomas ein ausgeprägtes Musikverständnis besaß. Er lauschte aufmerksam mit geschlossenen Augen; von Zeit zu Zeit bewegte er seine Hand im Rhythmus der Musik, wenn eine bestimmte Wendung oder Melodie ihn besonders ansprach.

Als Lyall geendet hatte, nickte er ihm mit sichtbarem Vergnügen zu.

»Sie haben viele Schwierigkeiten in Ihrem musikalischen Leben«, stellte er mehr fest, als er fragte. »Jene, die für die Meister arbeiten, finden Hindernisse auf dem Weg zur Anerkennung.«

Herberts Gesicht leuchtete auf, auch er war offensichtlich dem Zauber unseres Gastgebers verfallen. »Allerdings, ich habe Schwierigkeiten«, bestätigte er.

»Hm – vielleicht, wenn irgendein hohes Tier in der theosophischen Welt *vor* der Ära Krishnamurti Sie als einen Eingeweihten bezeichnet hätte«, bemerkte Sir Thomas trocken, »hätte sich eine Herde von Begeisterten um Sie geschart und Sie ins Rampenlicht gestoßen – hm?«

»Aber ich fürchte, ich bin kein Eingeweihter«, wandte Lyall lächelnd ein.

»Vielleicht nicht.« Er schüttelte nachdenklich den Kopf. »Ich war jedenfalls nie einverstanden mit all diesen Ernennungen. Eingeweihte hier, Eingeweihte dort. Orden und Auszeichnungen, Lohn im Himmel, hm, hm, hm … Einweihung ist eine private und heilige Angelegenheit zwischen Meistern und Schülern – ungeeignet zur Veröffentlichung –, es gibt natürlich Ausnahmen …« Er lächelte und verließ uns.

»Sie wissen wohl kaum, wie viel Ehre Ihnen widerfahren ist«, sagte J. M. H. zu Herbert.

»Sind Sie da ganz sicher?«, erwiderte Herbert.

J. M. H. lächelte und schwieg.

Es war so arrangiert worden, dass Herbert und ich am folgenden Morgen zusammen nach London zurückreisen würden. Wir verbrachten aber noch eine halbe Stunde mit J. M. H. vor unserer Abfahrt. Beide tappten wir völlig im Dunkeln in Bezug auf seine Vorgehensweise oder weiteren Pläne. Wäre es uns beispielsweise erlaubt, Arkwright von seiner Rückkehr in Kenntnis zu setzen? Dieser Gedanke kam mir, als wir zu dritt vor dem Lunch auf dem Rasen auf und ab schlenderten. J. M. H. hatte offenbar meine Gedanken gelesen, denn er fragte sogleich: »Haben Sie Arkwright gesehen?«

»Er besuchte uns in London«, antwortete ich.

»Sie können ihm schreiben und mitteilen, dass der vermisste Guru wiedergefunden wurde«, schlug er vor, »das heißt – falls Sie es wünschen!«

»Und er darf es in Amerika weitererzählen?«, fragte ich.

»Ich habe Heddon geschrieben, der ihnen schon das Notwendige mitgeteilt haben wird.«

Ich fühlte mich erleichtert. All die Schüler in Boston hätten mir wirklich leid getan; aber nun – was auch immer er Heddon angewiesen haben mochte, ihnen zu sagen – würden sie wenigstens wissen, dass er noch am Leben war.

J. M. H. gab mir auch eine Botschaft für Toni Bland mit auf den Weg, die ich aber mit Diskretion behandeln sollte bis zu dem Zeitpunkt, da ich sie ihm weitergeben dürfte. Mehr als diese geheimnisvolle Anweisung bekam ich dazu nicht zu hören.

Dann verpflichtete er uns, im Zusammenhang mit unserem Aufenthalt im Hause von Sir Thomas und allem, was wir hier erlebt hatten, äußerste Verschwiegenheit zu wahren, wenngleich er mir erlaubte, zugunsten meiner Frau eine Ausnahme zu machen. »Sagen Sie ihr, dass die Zeit der Dunkelheit für sie ihrem Ende entgegengeht und sie bald wieder fähig sein wird zu sehen, aber mit erhöhter Hellsichtigkeit, die ihr als Ausgleich dienen soll für all das Leid, das ihr Karma ihr auferlegt hat. Manche erlangen den Ausgleich durch mentales Leid, andere durch körperlichen Schmerz; sie hat es auf beiden Wegen erreicht, und deshalb werden ihre Kräfte noch zuverlässiger sein, wenn sie zurückkehren.«

Ich war zutiefst dankbar für diese Botschaft, denn ich wusste, was sie für Viola bedeuten würde und dass sie sie in gewissem Sinne darüber hinwegtröstete, hier nicht bei uns sein zu können.

Aber J. M. H. hatte noch etwas zu sagen: In einiger, nicht näher angegebener Zeit würde er abermals nach uns schicken, zu einem Zweck, den er erst später offenbaren könne. Und er vertraute mir an, dass dieser zweite Besuch einen sehr wichtigen Schritt in unserer Entwicklung kennzeichnen würde.

Wir sollten unmittelbar nach dem Mittagessen nach London abreisen.

Der große blaue Wagen stand vor der Tür. Mit Bedauern nahm ich Abschied von J. M. H. und wandte mich dann Sir Thomas zu, um meinem Dank für alles, was ich durch ihn empfangen durfte, Ausdruck zu geben.

»Verschwenden Sie keine Worte mit Dankesbezeigungen!« Er machte eine wohlgelaunte Geste des Abscheus. »Kann ich nicht in Ihr Herz Einblick nehmen?« Er hielt meine Hand einen Augenblick und fügte hinzu: »Ich gebe Ihnen den Segen eines alten Mannes.«

»Und ich nehme ihn an als den eines Meisters …«, erwiderte ich ehrerbietig, aber so leise, dass es kein Dritter vernehmen konnte.

»Hm, hm, hm …«, tadelte er mich, aber er war menschlich genug – wie ich sehen konnte –, nicht wirklich ungehalten zu sein, was ihn mir noch liebenswerter erscheinen ließ. Er verabschiedete sich von Herbert, dem er auch seinen Segen gab, und dann stiegen wir in den Wagen. Ich sehe die Szene noch deutlich vor mir, wie er und J. M. H. auf der obersten der massiven steinernen Stufen standen, die zur Eingangstür emporführten und unsere Abfahrt mit ihren Blicken begleiteten, der Hund friedlich zwischen den beiden sitzend.

Sir Thomas' Chauffeur war ein erstaunlich flinker Fahrer, und selbst wenn ich mir vorgenommen hätte, die Ortsschilder am Straßenrand zu lesen, wäre mir das kaum gelungen, mit solcher Geschwindigkeit huschte er daran vorüber.

Herbert und ich hatten den größeren Teil der Reise nach London ein Abteil für uns. Ich fragte mich, ob er erkannt hatte, dass Sir Thomas ein Meister war.

»Ein bemerkenswerter alter Herr«, tastete ich mich behutsam vor, um vielleicht Näheres darüber zu erfahren.

Sein Gesichtsausdruck gab mir die gewünschte Information.

Natürlich waren wir begierig darauf zu erfahren, was uns bevorstünde, wenn wir das nächste Mal eingeladen würden, Sir Thomas zu besuchen, und so spekulierten wir ausgiebig über alle Möglichkeiten.

»Das spirituelle Leben ist so herrlich voller Überraschungen und aufregend«, bemerkte Lyall; »wie öde muss das gewöhnliche Leben ohne diesen Aspekt sein.«

»Was – selbst für Komponisten?«, fragte ich.

»Komponieren ohne irgendein Ideal dahinter – was ist das schon?« Er zuckte die Schultern.

»Kunst um der Kunst willen ist ja schön und gut als Schlagwort, aber Kunst um der Meister und der Menschheit willen, ist weitaus aufregender.«

Ich stimmte ihm von Herzen zu.

14 · Eine Seele im Dunkel

Als ich nach Hause kam, hatte ich Viola viel zu erzählen, und natürlich freute sie sich sehr über die Botschaft von J. M. H., wenngleich sie auch etwas enttäuscht war, dass es ihr nicht gestattet war, ihn zu treffen. Ich teilte ihr den merkwürdigen Grund mit, den er mir genannt hatte – nämlich, dass es ihr mehr schaden als guttun würde, ihn zu sehen –, aber das erweckte nur ihre Neugier.

»Nun, dann musst du David darüber befragen«, sagte ich schließlich. »J. M. H. erklärte mir, *er* würde es wissen.«

»Das nützt mir ja viel!«, rief sie da, »wenn er fortgefahren ist und uns verlassen hat, der gemeine Kerl …«

»Dann musst du dich eben in Geduld fassen«, erwiderte ich lachend.

»Oh, da fällt mir gerade ein«, sagte sie und wechselte das Thema, »Miss Hart hat angerufen«.

»Ja …?«

»Mrs. Saxton liegt in einem Pflegeheim. Man hat sie überredet, sich wegen irgendeiner Sache operieren zu lassen, und jetzt gibt man ihr keine Lebenserwartung mehr.«

»Die arme Frau!«

»Miss Hart rief an, um zu erfahren, wie es ihr ginge, und man sagte, die Operation sei ein voller Erfolg gewesen …«

»Aber trotzdem soll sie jetzt sterben, hm?«, beendete ich den Satz. »Das Übliche: Die Chirurgen sind vollkommen zufrieden mit ihrer Arbeit, aber leider …«

»Es ist alles recht traurig«, fuhr Viola fort, »ihre Töchter sind beide in Indien, und sie hat niemanden sonst auf der Welt – und in einem Pflegeheim sterben zu müssen – kannst du dir etwas Schlimmeres vorstellen?«

Wenige Tage später nahm ich ein Telefongespräch der Oberin des Pflegeheimes entgegen, die sich bei mir für die Blumen bedankte, die wir geschickt hatten, und mir ausrichtete, dass Mrs. Saxton ganz besonders darum bat, dass ich käme und sie besuchte. Ich sagte selbstverständlich zu, vor allem mit den Gedanken an das, was J. M. H. mir gesagt hatte. Nun würde ich vielleicht verstehen können, was er mit dem blinden Hund und dem Abgrund gemeint hatte.

Als ich in dem Heim ankam, gab mir ein Drachen in Uniform die üblichen Anweisungen, meine Visite so kurz wie möglich zu halten, um die Patientin nicht anzustrengen. Sie gab mir sogar zu verstehen, dass Mrs. Saxton geradezu eigensinnig war in dem Wunsch, mich überhaupt zu sehen. Solche unschmeichelhaften Anwürfe ließen mich jedoch kalt – doch um den Drachen zu besänftigen, würdigte ich ihn eines geradezu auserlesenen Lächelns und versprach alles, was man von mir verlangte.

Ich fand Mrs. Saxton in bedauernswürdigem Zustand. In der Tat war sie so verändert, dass ich sie kaum wiedererkannte. Die Pflegerin drückte sich noch im Zimmer herum, bis sie ausdrücklich gebeten wurde zu gehen, und selbst dann noch drohte sie, zurückzukehren und mich hinauszuführen, wenn ich die erlaubte Zeit überschritten hätte.

»Ich kann nicht einmal in Frieden sterben«, murrte Mrs. Saxton ärgerlich, »ohne dass diese Schwestern ständig versuchen, mich zu stören.«

Ich drückte mein Mitgefühl aus. Dann entstand eine Pause, in der sie zu versuchen schien, die rechten Worte zu finden.

»Ich bin ganz allein«, sagte sie endlich.

»Aber gibt es denn keine Freundin, die Sie gerne sehen würden?«, fragte ich.

»Nur eine, Christabel, und die ist tot ...« Ihre Hände fuhren unruhig auf dem Laken hin und her. Dann sagte sie mit großer Anstrengung: »*Sie* glauben doch ..., dass es – etwas danach gibt, nicht wahr?«

»Aber gewiss tue ich das.«

»*Er* sagt ja, es ist ... es ist alles Illusion ...« Ich konnte nur annehmen, dass sie von Krishnamurti und seinen Lehren sprach. »Und als ich bat, dass er mir erklärte ... wollte er mich nicht sehen.«

»Oh, nicht Illusion in dem Sinne, wie *Sie* es verstehen«, protestierte ich: »Sie haben ihn falsch verstanden. Und ich bin sicher, er hätte mit Ihnen gesprochen, wenn es ihm möglich gewesen wäre.«

»Er hat mir alles genommen«, sprach sie mit Mühe weiter und ignorierte meinen Zuspruch, »alles, woran ich immer geglaubt habe ... und jetzt ...« Tränen standen in ihren schreckgeweiteten Augen.

Abermals versuchte ich ihr zu versichern, dass sie etwas missverstanden hätte, aber sie schien mich nicht zu hören. Sie konnte nur ihren eigenen Gedanken nachgehen und unzusammenhängend wiederholen: »Ich wollte, dass er es mir *erklärte* – und er wollte mich nicht sehen ...«

Dann gab es eine weitere lange Pause, und ich wusste mir überhaupt keinen Rat mehr, wie ich sie trösten sollte.

»Dieses Buch, das Sie über einen Meister geschrieben haben ...«, raffte sie sich noch einmal auf, nachdem sie stark gegen den Schmerz angekämpft hatte, unter dem sie sehr litt.

»Ja?«, fragte ich eifrig.

»Der war nicht so ... er war immer bereit zu helfen.«

»Meister sind immer bereit zu helfen«, murmelte ich und beugte mich über sie, denn ich konnte sehen, wie ihre Kräfte nachließen.

»Aber – aber sind Sie sicher ..., dass sie ...«

»Ob ich sicher bin, dass sie existieren?«, beendete ich die bedauerlicherweise unvollständig gebliebene Frage. »Ich bin so sicher wie, dass ich selbst existiere.«

»Warum hat ... warum hat er ... dann gesagt ... es gibt sie nicht?« Ihre Züge waren schmerzverzerrt.

»Er hat nicht ... er hat nicht ...« Aber wie konnte ich argumentieren mit einer sterbenden Frau, deren Verstandeskräfte – die wenigen, die sie überhaupt besessen hatte – immer rascher nachließen? Sie sehnte sich noch einmal danach, an die Meister zu glauben, aber welches Mittel konnte ich einsetzen, um sie zu überzeugen? Sie ängstigte sich vor dem Tod und weigerte sich, vielleicht mit dem letzten Rest ihres Stolzes, es einzugestehen. Wenn überhaupt jemand die Hilfe eines Meisters nötig hatte, dann war sie es.

Da beschloss ich, einen intensiven Hilferuf in Gedanken an M. H. zu schicken.

Mrs. Saxton hatte unter Schwierigkeiten geatmet, aber jetzt war sie ruhiger.

»Sagen Sie mir, was bekümmert Sie am meisten?«, fragte ich sie freundlich.

»Ganz allein …«, wiederholte sie. »So einsam – allein … *dunkel* … Wenn nur – Ihr – Meister –«, die letzten Worte waren kaum zu verstehen, und ich war nahe daran, nach der Schwester zu rufen, als ich bemerkte, dass ihre Züge sich veränderten und sie nun etwas zu sehen schien, das ich selbst nicht wahrnehmen konnte.

»Goldenes Licht überall …«, murmelte sie da, »wunderschön …«

Aber es war kein irdisches Licht, das sie an jenem trüben Tage sehen konnte, an dem der Londoner Regen gegen die Scheiben dieses trostlosen Gemachs schlug. Sie war offenbar hellsichtig geworden, wie es viele Sterbende erleben. Ihren zusammenhanglos gemurmelten Sätzen konnte ich voll Dankbarkeit entnehmen, dass ein Meister ihr erschienen sein musste, und sie hatte die Ausstrahlung der Liebe aus seiner Aura wahrgenommen.

Doch es war nicht mein Guru, sondern ich meine K. H.[18], der zu ihr gekommen war in seinem tiefen Mitgefühl für alle, die da leiden …

Ich glaube, Chris muss auch bei ihm gewesen sein, denn die sterbende Frau flüsterte ihren Namen, als wäre Chris anwesend. Ihre verängstigten Züge, so mitleiderregend anzusehen, waren verschwunden und einem heiteren, zufriedenen Ausdruck gewichen. Selbst ihre körperlichen Schmerzen hatten sie verlassen, denn ihre ruhelosen Hände lagen endlich still auf der Decke.

Die Pflegerin kam in das Zimmer zurück, um mir vorzuwerfen, dass ich die erlaubte Zeit überschritten hatte, aber die Patientin war eingeschlafen.

Als ich durch den Regen nach Hause ging, verstand ich es. J. M. H. hatte alles vorausgesehen. Er wusste, dass die Lehre, der Mrs. Saxton sich angeschlossen und die sie so erschütternd wenig verstanden, gelebt oder verwirklicht hatte, sich für sie am Ende als ebenso trostlos erweisen würde wie ein Stein, den man einem Hungernden reicht. Als er Toni, wie er mir zugegeben hatte, an jenem Tag in unserem Haus bestimmte Gedanken eingab, unternahm er zumindest den Versuch,

18 Koot Hoomi.

ihr eine Warnung zu vermitteln und etwas zum Nachdenken zu geben. Aber sie hatte jene Warnung in den Wind geschlagen, und die Verzweiflung, in der ich sie nun wiedergefunden hatte, war die Folge.

Jedenfalls starb Mrs. Saxton schließlich im friedlichen Schlaf, kurz nachdem ich sie verlassen hatte.

Auch Tonis Feuerprobe war endlich vorüber. Der lang dauernde Prozess war zu seinem Ende gelangt, und obwohl er von allen Vorwürfen entlastet wurde, blieb ihm doch eine beträchtliche Reduzierung seines Einkommens zu beklagen, und er hatte zweifellos eine schwierige Zeit zu bewältigen. Im Blick darauf lag mir viel daran, ihn zu treffen und ihm mein Mitgefühl auszudrücken.

Er kam in Erwiderung meines Telefonanrufs zum Essen vorbei, und seine veränderte Erscheinung zeigte deutlich genug, wie viel er durchgestanden hatte. Er machte traurig die Bemerkung, dass einige Leute ihm nun die kalte Schulter zeigten, nur, weil er in diese unglückselige Affäre verwickelt worden war und vor Gericht gestanden hatte.

»Obwohl ich erwiesenermaßen keiner kriminellen Beteiligung in dem schrecklichen Geschäft schuldig bin«, sagte er, »verhalten sich die Männer im Club nun ganz anders zu mir.«

»Idioten!«, schimpfte ich.

Er seufzte. »Ich gäbe viel dafür, J. M. H. jetzt sprechen zu können …«

Ich fühlte mich nicht ganz wohl in meiner Haut. *Ich* hatte nicht so eine schwere Prüfung zu bestehen wie er, und doch war es mir vergönnt gewesen, J. M. H. zu sehen; und hier war Toni, niedergeschlagen, verarmt und dringend bedürftig nach einem Rat unseres Gurus. Ihm jetzt einfach zu erzählen, dass Lyall und ich J. M. H. besucht hatten, schien mir zu hart zu sein. Dies war also nicht die rechte Zeit, ihm die Botschaft auszurichten. Toni blickte mich eigenartig an, und ich war zum Schweigen verurteilt.

Dann sagte er langsam: »Ich glaube, Sie haben J. M. H. gesehen …«

Diese Vermutung überraschte mich völlig. War ich ein so erbärmlicher Schauspieler, dass mich mein Gesichtsausdruck verraten hatte, oder war Toni sogar noch intuitiver, als ich gedacht hatte?

»Haben Sie das?«, fragte er wieder nach einer Pause.

»Ja«, gab ich zu, aber ich versuchte, durch meine Miene etwas von dem auszudrücken, was ich für ihn empfand.

Er sagte nichts; er war unserem Guru viel zu treu verbunden, um ihn zu kritisieren oder auch nur darüber zu diskutieren, warum ich diesen Vorzug genossen hatte und er nicht. Aber ich spürte, dass er sowohl gekränkt als auch überrascht war.

Ich überlegte mir, was ich sagen würde, als Lyall Herbert hereinkam. Ich hatte ihn ausdrücklich gebeten, auch vorbeizukommen, weil ich glaubte, dass es an der Zeit war, dass sich Tonis wirkliche Freunde um ihn versammelten. Lyall war voller Mitgefühl, aber wenngleich Toni dankbar schien, konnte ich doch sehen, dass er zu sehr mit seinen eigenen Gedanken beschäftigt war. Sofort blickte er auch Lyall ebenso intensiv an, wie er mich kurz zuvor angesehen hatte.

»Ich denke, auch Sie haben J. M. H. gesehen«, sagte er endlich.

Lyall zuckte zusammen. Er blickte zu mir herüber in dem Versuch, aus meiner Miene etwas zu lesen.

»Ich habe bereits gestanden«, sagte ich; »es ist besser, Sie tun es ebenfalls.«

»Das habe ich mir gedacht«, kam es von Toni. Und wieder herrschte gespanntes Schweigen.

Sollte ich die Botschaft ausrichten oder nicht? Ich versuchte, J. M. H. einen Gedanken zuzusenden, in der Hoffnung auf Hilfe bei meiner Entscheidung, konnte aber keine erlangen.

Da wurden meine Überlegungen jäh beendet. Toni fragte geradeheraus: »Haben Sie mir von J. M. H. etwas auszurichten?«

Ich gab zu, dass es so war. »Und das wäre –?«

»Ich fürchte, es ist nicht allzu erhellend«, versuchte ich seine Erwartungen zu dämpfen.

»Die Botschaft, bitte …«, drängte er.

»Sie sollen dem alten Weg folgen – ich meine, mit Ihrer Meditation.«

»Ist das alles?«

»Tut mir leid …«

Toni sah enttäuscht aus und sagte eine Weile gar nichts. »Haben Sie eine Zigarette für mich?«, bat er schließlich scheinbar beiläufig. Ich gab ihm eine, überrascht, denn ich hatte ihn noch nie rauchen sehen. Er paffte eine Weile schweigend und sagte dann nachdenklich, in seiner typischen Weise: »Immer das Gleiche: Ich muss mich um alles selbst kümmern und meiner Intuition vertrauen, während ihr Freunde …«

»Aber das ist doch, weil Sie weiter sind als wir!«, warf Lyall ein in dem echten Bemühen, ihn zu trösten. »Schließlich muss Ihre Intuition ja fabelhaft sein, wenn Sie sofort spüren können, bei wem wir gewesen sind.«

»Ich hatte schon einige Zeit das Gefühl, dass J. M. H. wieder im Lande ist, aber als ich Sie beide sah, wusste ich es«, antwortete Toni.

Nach einer Pause sprach er weiter und gab sich Mühe, fröhlich zu erscheinen: »Nun gut, ich nehme an, das gehört alles zur Ausbildung … Jedenfalls bin ich froh, dass es stimmte, was ich gespürt hatte.«

Ich konnte nicht umhin zu denken, was für ein mutiger kleiner Bursche er doch war – nach außen hin so zerbrechlich und sensibel, doch innerlich mit dem Mut eines Löwen.

Bevor er sich an jenem Abend von uns verabschiedete, teilte er uns mit, dass er beschlossen hatte, für eine Weile außer Landes zu gehen.

»Es ist das Beste, was ich tun kann unter diesen Umständen«, meinte er.

15 · Meister Koot Hoomis Bote

»Wir müssen ein Häuschen oder etwas Ähnliches für den Sommer finden«, sagte Viola, »und wenn wir jetzt nicht bald anfangen uns umzusehen, sitzen wir fest. Der Arzt meint, ich sollte irgendwo in die Berge.«

Sie war gerade zum Frühstück heruntergekommen und beugte sich über einen Stapel von Briefen.

»Hallo, hier ist eine Ansichtskarte von David – endlich! – Er hat alles um den Turm der Dorfkirche herumgeschrieben … ›Bin hier‹«, las sie vor, »›herrlicher Deva auf dem Berg oben. Fröhlicher Gastwirt, Stier mit Planeten in Erd-Zeichen, Futter passabel für diese Gegend. Progressions-Aspekte bessern sich. Liebe Grüße, David …‹«

»Typisch!«, rief ich lachend. »Warum sollten wir nicht ein paar Tage hinfahren und uns den Ort ansehen? Wir könnten uns dort ja nach einem geeigneten Häuschen umhören. Vielleicht erfahren wir etwas.«

Dieser Gedanke gefiel ihr. »Aber wenn er uns dort nicht haben will?«, wandte sie ein.

»Schicke ein vorausbezahltes Telegramm und frage ihn. Seine Lordschaft wird sich immer eine Entschuldigung auswählen können, wenn er unserer reizenden Gesellschaft abgeneigt ist …«

Aber wie es sich herausstellte, war er nicht abgeneigt und kabelte zurück, dass er uns Zimmer für das Wochenende besorgen würde.

Das Gasthaus bot einen Blick über weites, bewaldetes Land mit Hügeln in der Ferne, und dahinter war das Meer zu sehen. Hinter dem Haus erhob sich ein farnbewachsener größerer Berg, auf dessen Spitze ein Ring großer Kiefern eine kleine Mulde umgab, wie Wachposten, die einen heiligen Teich beschützten.

Wir fanden David an einem kleinen eisernen Tisch in dem malerischen Garten sitzend, der terrassenartig angelegt war.

»Hallo, ihr Egos!«, begrüßte er uns fröhlich, »ihr seid also angekommen …«

Nach seinem Aufenthalt auf dem Lande sah er wesentlich besser aus.

»Die Gegend hier scheint Ihnen ja zu bekommen«, bemerkte ich, und Viola fügte hinzu: »Ja, Sie sind ja regelrecht sonnenverbrannt!«

»Reichlich Prana und Luft-Devas hier, das ist der Grund«, antwortete er nach seiner Gewohnheit, für alles einen esoterischen Grund anzugeben.

Wir lachten. Obwohl wir selbst keine Luft-Devas sehen konnten, war dies bestimmt ein herrliches Fleckchen, und die Luft war gerade genug bewegt, um seinen Hinweis auf das Prana nachvollziehen zu können.

Wir setzten uns um den kleinen runden Tisch, auf dem Schreibwerkzeuge und eine Aktenmappe lagen. »Was ist das – Horoskope oder Briefe?«, wollte Viola eifrig wissen.

»Keines von beiden – Buch!«, war seine knappe Antwort.

»Haha, endlich!«, rief ich. »Deshalb also dieser plötzliche Rückzug aufs Land und das ganze Einsiedlerdasein …«

»Das sieht Ihnen ja ähnlich: Kein Wässerchen zu trüben und uns überhaupt nichts davon zu sagen!«, zog Viola ihn auf. »Wovon soll das Buch denn handeln? Man muss das ja fragen, da Ihr Repertoire so groß ist.«

Aber er raffte seine Papiere zusammen, steckte sie in die Mappe und war offensichtlich nicht in der Stimmung, jetzt ein literarisches Gespräch zu führen. »Sage ich Ihnen später, vielleicht«, meinte er. »Ich habe den ganzen Morgen schon darum gerungen – Saturn Quadrat Uranus und dann noch den Tag voll schlechter Mondeinflüsse – nichts als Frustration; ich habe die Nase voll. Gehen wir spazieren.«

»Aber ich muss mich erst noch ein wenig ausruhen«, warf meine Frau ein; »wenn Sie mit meinem armen Körper geplagt wären …«

»Entschuldigen Sie«, sagte er, »das hatte ich vergessen.«

»Übrigens habe ich Neuigkeiten«, berichtete ich ihm: »J. M. H. ist wieder aufgetaucht.«

»Ich wusste es, ich wusste es doch!«, rief er triumphierend. »Habe ich nicht schon das letzte Mal, als wir zusammen waren, gespürt, dass er bald wieder erscheinen würde?«

»Sie haben es vielleicht gespürt, aber ich möchte doch bemerken, dass Sie sich nicht darüber ausgelassen haben.«

»Ich hatte das Gefühl, er wünschte es nicht.«

»Aber Sie haben ihn gesehen – astral?«

»Wer hat Ihnen das verraten?«

»Er selbst sagte es.«

Davids Lächeln war rätselhaft. »Hat er irgendetwas über mich gesagt, davon abgesehen?«

»Er sagte einige sehr nette Dinge – zum Beispiel, dass Ihr Gespür sehr zuverlässig sei.«

Davids Lächeln wurde vor Freude breiter.

»Was ich wissen möchte«, warf Viola ein: »Warum wollte er *mich* nicht sehen? Er sagte, *Sie* könnten uns das sagen.«

David blickte eine oder zwei Minuten ein Loch in die Luft.

»Sehen Sie, seine Schwingungen sind extrem kraftvoll, und solange Ihre Gesundheit derartig am Boden liegt, würden sie einfach alle Ihre Körperhüllen durcheinanderbringen und Ihren Zustand verschlimmern.«

Meine Frau war etwas beruhigt.

»Hallo Uuuhs – bist eine schöne Uuuhs …!« Diese geheimnisvolle, aber liebevolle Begrüßung galt der Hauskatze, die auf der Szene erschienen war und sich an Davids Beinen rieb.

»*Unsere* arme Katze ist leider gestorben …«, sagte ich. David hatte sie sehr geliebt und gestreichelt, wenn er bei uns zu Besuch war.

»Das hatte ich befürchtet«, antwortete er voller Mitgefühl. »Ich sah neulich nachts ihren kleinen Astralkörper.«

»Dann ist es also nicht wahr, dass Hunde und Katzen, wenn sie sterben, einfach in ihre Gruppenseele zurückkehren?«, fragte Viola.

»Nicht, wenn man sie wirklich geliebt hat. Dann individualisiert man sie durch die Liebe und beschleunigt ihre Entwicklung beträchtlich. Viel mehr Haustiere werden auf diese Weise individualisiert, als man denkt. Ja, es war sogar im Garten des Meisters, wo ich eure Katze gesehen habe, nachdem sie gestorben ist.«

»Wie schön für die Katze und wie reizend von dem Meister!«, rief ich lachend, aber nicht weniger gerührt.

»Sie hatte ein starkes Licht um den Kopf – was anzeigt, dass sie individualisiert ist –, und sah heller in der Farbe aus als zu ihren Lebzeiten«, fuhr David fort. »Was Hunde angeht, so sah ich einmal, wie ein großer Airedale-Terrier, der schon seit Jahren tot war, hinter einem kleinen Dunklen her war, der versuchte, sein Frauchen anzugreifen, an der er so hing, und er versetzte ihm einen mächtigen Hieb.«

»Nun, ich bin ganz froh zu hören, dass die Tiere, die wir geliebt haben, Individuen bleiben!«, erklärte Viola. »Ich fände die Vorstellung schrecklich, sie würden von so etwas Unbestimmbarem wie einer Gruppenseele absorbiert ... Und jetzt, wenn es euch recht ist, bin ich bereit zu einem Spaziergang.«

Der Vormittag war bedeckt gewesen, aber nun kam die warme Mittagssonne durch die Wolkendecke, und die vielfältigen Düfte von Blüten, Farnen und Kiefern erfüllten die Luft.

Wir gingen eine Weile die Waldwege entlang, machten hin und wieder halt, um uns auf einem gefällten Baumstamm auszuruhen und der sanften Musik raschelnder Blätter zu lauschen, die einen feinen, ruhigen Hintergrund für das Lied so manchen Singvogels bildete. Es war gut, wieder auf dem Land zu sein, und meine Gedanken wanderten zurück zu Sir Thomas und seinem Märchengarten. Ich hätte ihn David zu gerne beschrieben, aber ich durfte natürlich das in mich gesetzte Vertrauen nicht enttäuschen.

Nach einer Weile spazierten wir wieder zurück zum Gasthaus. Der Tag war warm genug, um draußen zu essen. Das hatte für uns immer einen großen Reiz, besonders in diesem Land, wo das Klima es so selten ermöglicht.

Während unseres Lunchs fiel eine Schar junger Wanderer, lachend und erhitzt, in den Garten ein und setzte sich um einen Tisch etwas abseits.

»Haben Sie unter so etwas nicht zu leiden, besonders an den Wochenenden?«, fragte Viola David. »Stört es Sie nicht bei Ihrer Arbeit?«

»Nein, in dieser Beziehung belästigen sie mich nicht«, erwiderte er »und in der Tat ...« Er brach ab und betrachtete eine ganze Zeit lang die lärmende, schnatternde Gruppe aufmerksam und nachdenklich.

»In der Tat – was?«, drängte ihn Viola schließlich, weiterzusprechen.

»Unterbrich ihn nicht«, bat ich sie. »Kannst du nicht sehen, dass er etwas nachspürt?«

»Genau«, sagte David, »das habe ich getan. Ich habe erkannt, dass diese Wandersleute, die aus den großen Städten strömen, um das Schöne zu suchen, einige hoffnungsvolle Zeichen der Zeit sind.«

Wir blickten ihn fragend an, und er fuhr mit gedämpfter Stimme fort:

»Sie sind jene Art junger Egos, die von den National-Devas beeinflusst werden, engeren Kontakt mit der Natur und ihren reineren Schwingungen aufzunehmen. Sie wissen davon nichts, natürlich, aber das spielt keine Rolle. Manche der feineren Seelen unter ihnen werden gleichsam hingezogen zu bestimmten Zentren, die von Eingeweihten schon vor Jahrhunderten magnetisiert wurden und nun von Devas bewacht werden; manche sind mehr, andere wiederum weniger stark. Später werden sie einmal lernen, diese Kraftzentren bewusst aufzusuchen.«

»Ja, aber was ist ihre Absicht – ich meine, was ist der Zweck dieser Kraftzentren?«, fragte ich.

»Nun, die weiter entwickelten Vertreter des Menschengeschlechts auszubilden. Sehen Sie, die psycho-spirituelle Atmosphäre solcherart magnetisierter Kraftzentren ist so stark, dass sie als große Anregung für die höheren Fähigkeiten des Menschen wirken. Wenn diese Fähigkeiten genügend ausgebildet sind, dann wird auf jeden Fall ein Teil der Menschheit vorbereitet sein für das Kommen des Maitreya am Ende des Jahrhunderts.«

»So sind diese Wandervögel eine Art Vorläufer zu einem hohen Ziel«, fragte ich nach, »Vorläufer sozusagen eines neuen Menschentyps?«

»Ja, warten Sie ein paar Jahre, und Sie werden sehen, wie es sich entwickelt. Es gibt schon eine Reaktion von all der Schwermut und Zügellosigkeit der Nachkriegszeit, und allmählich können wir Anzeichen eines saubereren Lebens und größerer Selbstkontrolle beobachten. Jetzt gibt es sogar eine Liga, gegründet von jungen Männern, die gelobt haben, ihren Frauen treu zu sein … Sich die Hörner abzustoßen, ist in den oberen Schichten nicht mehr modern, statt dessen gibt es frühe Eheschließungen, Treue und Nachwuchs!

Das sind alles Bemühungen seitens der Devas, einen höheren Seelentyp zur Inkarnation zu bringen. Später werden diese Devas die Menschen noch mehr beeinflussen können, weil man auf ihre Schwingungen mehr und besser ansprechen wird. Mit weniger Promiskuität und so weiter wird ein gewisser Teil der Menschheit so sensitiv werden, dass er fähig sein wird, die Devas zu sehen und mit ihnen zu sprechen. Aber das wird natürlich nicht alles schon morgen so weit sein, denn man muss zumindest das ätherische Sehvermögen dazu besitzen.«[19]

»Ich wünschte, ich könnte die Devas sehen«, sagte Viola, als David eine Pause einlegte, um sich weiter seinem Lunch zu widmen; »aber selbst bevor ich mein bisschen Hellsichtigkeit verlor, konnte ich sie nicht wirklich sehen, sondern nur fühlen.«

»Das ist nur eine Frage der Art von Hellsichtigkeit oder vielmehr medialen Fähigkeit«, antwortete David. »Da gibt es viele Unterschiede. Manche Egos können sich ihrer früheren Inkarnationen erinnern und überhaupt nichts sehen; andere erinnern sich nicht, sehen aber die Aura und Gedankenformen; wieder andere können im Schlaf bleibende Erinnerungen an psychische Erlebnisse erhalten. Sehr wenige Menschen besitzen das volle Spektrum der Möglichkeiten, wenn Sie so wollen. Ja, sie müssen dazu sehr gut ausgebildete Hellseher sein.«

»Das ätherische Sehvermögen ist doch wirklich das gröbste und am leichtesten zugängliche von allen«, warf ich ein – »zumindest habe ich das gehört.«

»Ja, aber trotzdem folgt daraus nicht, dass man es als Erstes erlangt«, erwiderte er. »Es hängt weitgehend vom Körpertyp ab und davon, welche Fähigkeiten man in den früheren Inkarnationen erworben hat. Diese ganze Geschichte mit dem physischen Äther ist sehr komplex«, fügte er hinzu. »Ich habe in Indien viel Zeit damit verbracht, mich damit zu beschäftigen, zuerst unter meinem Meister und dann auf eigene Faust; ich habe sogar einen Berg von Aufzeichnungen gesammelt, die in mein Buch aufgenommen werden sollen.«

---

19 Jene Art der Hellsichtigkeit, durch die Naturgeister, Elfen, Gnome usw. wahrgenommen werden können.

»Oh, lassen Sie uns hören!«, bat Viola eifrig. »Probieren geht doch über Studieren …«

Er lachte und verschwand im Haus, um sein Manuskript zu holen. Die Wandersleute waren inzwischen weitergezogen, und Stille herrschte wieder im Garten, ein Umstand, der uns mit Dankbarkeit erfüllte.

David kehrte mit seiner wertvollen Aktenmappe zurück, und wir wechselten zu einer kleinen Laube hinüber, die etwas weiter unten im Garten stand, wo wir ungestört sein würden.

»›Der Äther‹«, las er vor, »›ist die Brücke zwischen der dichten, physischen Materie und der astralen Ebene; er hat vier Unterteilungen, die sich alle gegenseitig durchdringen, und der vierte und dichteste Äther ist der stofflichen Ebene am nächsten. Dieser vierte Äther ist das Element, in dem jene wirken, die von Begierden, Ehrgeiz und Machthunger in allen Formen getrieben sind. Im dritten Äther erlangt das Individuum allmählich die Kontrolle über die vorgenannten Kräfte für sich selbst. Im zweiten nähert sich der potenzielle geistige Schüler in seinem physischen Körper dem Weg und sollte sich bewusst werden, innerhalb einer esoterischen Gruppe tätig zu sein auf das Ziel hin, höhere Formen der Gruppendisziplin zu schaffen. Ist dies erfolgreich vollbracht, kann der geistig Strebende zum Schüler eines Meisters werden, von dem er eine individuelle Aufgabe zugewiesen bekommt.

Solcherart war die alte Ordnung der Entwicklung in der Vergangenheit, die streng eingehalten wurde. Versuche, davon abzuweichen, indem man in den zweiten Äther eilte, bevor die individuelle Kontrolle erlangt und ausgeübt war, führten häufig zur Schaffung eines schrecklichen Gruppen-Elementarwesens, das dafür verantwortlich war, die ganze Gruppe individuell zu vergiften. Es kann nur durch die Auflösung der Gruppe selbst vernichtet werden.‹«

»Ah, jetzt verstehe ich, warum J. M. H. *seine* Gruppe aufgelöst hat«, konnte ich nicht umhin, an dieser Stelle zu bemerken. »Aber entschuldigen Sie; lesen Sie weiter.«

»›Die positiven Eigenschaften, die durch die Meisterung des zweiten Äthers erlangt werden, können entweder zur bewussten Zusammenarbeit mit einem oder mehreren Meistern führen in dieser bestimmten ätherischen Richtung; während man durch seine Aktivität im ersten

Äther zum regelrechten Esoteriker wird, der als direkte Kraft in der stofflichen Ebene wirkt.

Alle diese Unterteilungen des Äthers sind durchdrungen von astraler, höherer und niederer mentaler Materie und so weiter, die vierdimensional ineinanderfließen. Was die Schwingungsrate dieser feineren Untergliederungen angeht …‹ Oh, ich muss das alles noch anständig zusammentragen«, unterbrach er sich ganz plötzlich, »bevor ich es hinausgeben kann.«

»Wie gemein von Ihnen!«, rief Viola. »Wie die Vorschau auf den Film der nächsten Woche – und dann: ›Kommen Sie wieder am nächsten Freitag!‹ …«

Es war ein strahlender Sonntagmorgen, und wir drei stiegen den Berg hinauf und setzten uns bei der Mulde nieder. Die leichte Brise trug den Klang der fernen Kirchenglocken unten in der Ebene an unser Ohr, und über uns sang eine Lerche ihr helltönendes, aber fröhliches Lied.

»Unser Freund, der Deva, schwebt wieder, wie gewöhnlich, über dem Berg«, bemerkte David nach langem Schweigen.

»Das dachte ich mir«, meinte Viola; »ich habe selten eine so wunderbare Atmosphäre erlebt.«

»Man findet diese National-Devas häufig an Stellen, die weite Landstriche überblicken, wie diese«, fuhr David fort. »Ich habe gesehen und gehört, wie sie miteinander kommunizierten, durch eine hübsche Art von Licht- und Ton-Blitzen … Aber es ist ein hoffnungsloses Unterfangen, dies mit Worten beschreiben zu wollen … Ach, wie unangenehm«, rief er unerwartet nach einer Pause; »andere Egos brechen hier ein, um alles zu verderben!«

Eine Picknick-Gesellschaft war auf der Anhöhe erschienen, redete und lachte bemerkenswert vulgär durcheinander.

»Was meinen Sie: Nimmt unser Deva sie überhaupt wahr?«, fragte meine Frau, als sie näher kamen.

»Diese dort bestimmt nicht, möchte ich meinen; sie sind viel zu grob und niedrigschwingend!«

»Nun – wie steht es dann mit uns?«, wollte ich wissen.

»Er wird sich wohl der Anwesenheit von Menschen wie Ihnen bewusst sein, weil er erkennt, dass Sie die Schönheit lieben. Ich habe häufig bemerkt, dass Devas auf Egos mit wirklich künstlerischem Empfinden ansprechen. Ihre Auren scheinen sich auszudehnen und zu glühen, als wären sie erfreut über die Wertschätzung, die ihrer Umgebung zuteil wird.«

»Nehmen Devas übrigens«, fragte ich, als die Stimmen der geräuschvollen Gesellschaft in der Ferne verschwanden, sehr zu unserer Erleichterung, »auch Schüler an, wie es die Meister tun?«

»Nicht die Devas dieser Art, denn sie sind an die Zentren gebunden, die sie hüten.« Doch er fuhr fort, uns zu erklären, dass gewisse fortgeschrittene Typen von Luft-Devas manchmal Musiker und Dichter überschatten und damit inspirieren. Sie nehmen sogar persönliche Verbindung mit ihnen auf und bereiten sie darauf vor, bestimmte Deva-Einweihungen zu erfahren. Doch Letztere sind trotz allem recht verschieden von menschlichen Einweihungen und können nur als einführende Riten für Kandidaten angesehen werden, die den Übergang in das Deva-Reich und die Deva-Entwicklungslinie in einem zukünftigen Leben anstreben.

»Zum Beispiel Wagner und Swinburne[20] wurden von Devas überschattet«, informierte er uns, »und Wagners Deva hilft noch immer, die wagnerische Tradition zu erhalten, indem er seine Untergebenen abkommandiert, jene zu inspirieren, die die Musik dieses großen Komponisten aufführen. Es erübrigt sich zu sagen, dass Devas solcher Art an kein bestimmtes Land gebunden sind ...«

David zündete sich eine Zigarette an und rauchte eine Zeit lang schweigend; versonnen sah er dem Rauch zu, wie er sich in der Luft auflöste.

»Ich nehme an, man würde Letztere ›Internationale Devas‹ nennen, im Gegensatz zu den National-Devas«, schlug ich vor. »Gewiss. Ihre Aufgabe ist es, verschiedene Länder zu verbinden, nicht nur durch Musik, Kunst und Literatur, sondern so weit wie möglich auch durch die Politik.

Diese großen internationalen Devas sind es, die versuchen, in Verbindung mit den Meistern die internationale Kooperation herbeizu-

---

20 Algernon Charles Swinburne, 1837-1909, englischer Dichter, schuf u. a. Versdramen einzigartiger Wortmelodik und Vers-Schönheit, Präraffaelit (Anm. d. Ü.).

führen. So wie man einen Ton-Deva hellsichtig gewissermaßen ein wichtiges Konzert überwachend wahrnehmen kann, sitzen internationale Devas auch wichtigen politischen Konferenzen vor. Zuerst einmal arbeiten sie dahingehend, dass diese stattfinden, dann überschatten sie sie, um Harmonie zu erreichen und zu bewahren sowie die gewünschten Resultate zu erlangen.

Es mag Sie interessieren zu wissen, dass die Devas und die Meister gemeinsam daran arbeiten, die besten Charakteristika der Amerikaner und der Briten miteinander zu verbinden, um den Kern der künftigen Menschheit zu bilden. Die Amerikaner sind intuitiver und offener für die höheren Ebenen als andere Nationen, aber sie besitzen nicht die Stabilität der britischen. Verbinden Sie die beiden miteinander, und ein sanfterer und feinerer Menschentyp wird die Folge sein – ein Typ, der Schritt für Schritt in der Lage sein wird, die Unterteilungen der physischen Äther zu erobern und zu lernen, bewusst mit den Meistern und den Devas in den kommenden Jahrhunderten zusammenzuarbeiten.«

»Kurz gesagt«, fasste ich zusammen, »die Devas sind sehr wichtige Wesenheiten, und je eher die Allgemeinheit etwas über sie erfährt, desto besser, hm?«

Er nickte. »Es wird eine ganze Menge in dieser Richtung in meinem Buch zu finden sein.«

Mehr Menschen erschienen nun auf dem Berg.

»Oh, schau, Maa – so eine schöne Aussicht … was sind das für Häuser dort drüben?«

»Warte, bis ich mich verschnauft habe, Liebes, ich bin ziemlich außer Puste …« kam die Antwort von einer dicken Frauensperson, die sich hinter ihrem Nachwuchs den Weg hinaufbemühte.

Es war für unser Empfinden etwas zu viel.

»Wie wäre es mit einem Spaziergang«, sagte Viola zu David; »wir wollen uns nach einem geeigneten Domizil für den Sommer umsehen.«

»Gehen wir«, rief er und sprang auf; »da weiß ich ein reizendes Häuschen, das nur ungefähr zehn Minuten außerhalb des Ortes liegt …«

Sonntagabend …

Die Feriengäste waren alle nach Hause abgereist. Rot ging die Sonne hinter den Hügeln zur Ruhe. Alles war still. Wir hatten einen Platz am Waldrand gefunden, von dem aus wir die weite Ebene unter uns überschauen konnten, die violett angehaucht war im abendlichen Dunst. Die frischen Blätter dufteten süß, und der Rauch aus einem eben angezündeten Holzfeuer in einem nahen Häuschen erinnerte an den Geruch von Räucherwerk.

David war wieder einmal sehr still, ganz in Gedanken. Aber schließlich sagte er: »Einer von Meister K. H.s[21] Musik-Devas ist hier … Ich glaube, es ist der, der eure Freundin Chris zeit ihres Lebens überschattet hat …«

Dann entstand wieder eine Pause, in der ich sehen konnte, dass David aufmerksam lauschte. Dann sagte er: »Er vermittelt mir ein Bild in Farben und Tönen – aber wie soll ich euch das weitergeben …?«

»Versuchen Sie es«, bat Viola.

Er antwortete nicht sofort; und als er endlich sprach, klang seine Stimme, als ob er auf etwas lauschte, das sehr weit entfernt war:

»Meister K. H. hört Nacht und Tag das Rufen der Pein aus den Herzen der leidenden Menschheit … Wie ein großes Crescendo schwillt es immer stärker an … Wie soll er es beantworten? … Er wird einen willigen Boten senden, einen, dessen Werk nicht durch die Rede erfüllt wird, sondern durch den Ton … Töne sollen die Wunden heilen, die der Konflikt der Worte geschlagen hat … Töne sollen Liebe und Freude und Seelenfrieden zurückbringen in eine verdunkelte Welt … Töne, die sich fein und insgeheim verbinden werden mit jenen Deva-Kräften, die sich bemühen, den Frieden zwischen den Nationen herbeizuführen …, und nach der Größe der Not in der Welt soll die Größe der Macht dieses Boten bemessen werden ….«

»Chris …!«, riefen wir beide zugleich, fast ohne es zu wollen.

Aber David sagte nichts weiter, er lächelte nur und blickte weiter in die Ferne.

---

21 Koot Hoomi.

16 · Zwei Meister aus dem Himalaya

Ein langer, verregneter Sommer ging vorüber, doch nicht ereignislos, denn wir bewohnten in dieser Zeit das Häuschen, das David entdeckt hatte, und in diesen stillen Wänden konnten wir so manches Merkwürdige und Aufregende erfahren, denn unser Freund sammelte eine Vielzahl von esoterischen Fakten und Informationen für sein Buch. Der September brachte schöne, warme Sonnentage, aber voll Bedauern mussten wir nach London zurückkehren und nahmen David mit uns.

Kein Wort war von J. M. H. zu uns gelangt, und ich hatte gerade angefangen, mir Gedanken zu machen, ob der »nicht näher bezeichnete Zeitpunkt« womöglich noch Jahre auf sich warten ließe, als ein Brief mit der Anweisung für Herbert und mich kam, ihn in der folgenden Woche zu besuchen.

Der blaue Wagen wartete wieder am Zielbahnhof auf uns, und als wir über Land fuhren, machten wir uns die verschiedensten Gedanken darüber, was uns wohl erwarten würde.

Wir hatten gerade das Tor passiert, als wir zu unserer Überraschung Toni Bland erblickten. Wir hielten an, und er stieg zu uns in den Wagen.

»Du liebe Güte!«, riefen wir, »*Sie* sind ...«

Er lächelte. »Ich nehme an, Sie dachten, ich sei für immer verschwunden.«

»Nun, wenn man bedenkt, dass ich Sie anrief und man mir sagte, dass keiner wüsste, wo Sie sind ...«

»Sie sehen außerordentlich gut aus – geradezu vor Leben sprühend«, stellte Herbert fest. »Ganz anders als beim letzten Mal, als wir zusammen waren.«

»Ja, inzwischen ist viel passiert«, antwortete Toni. Aber dann waren wir schon am Haus angelangt.

»Mr. Haig ist beim Seerosenteich«, informierte uns der Butler alter Schule, als er unser Gepäck übernahm. »Er trug mir auf, Sie zu bitten, sich ihm anzuschließen, wenn Sie angekommen wären. Sollten Sie den Weg nicht kennen, wird Mr. Bland Sie gewiss führen …«

»Kommt schon«, sagte Toni mit einem Augenzwinkern.

J. M. H. hatte nicht mehr den leicht müde wirkenden Gesichtsausdruck, den ich bei unserer letzten Begegnung bemerkt hatte.

»Seien Sie gegrüßt, meine Freunde«, sagte er und kam uns entgegen, um jedem die Hand zu schütteln. »Sie waren gewiss überrascht, Toni zu sehen, hm?« Er legte seine Hand auf die Schulter des Letzteren und blickte ihn gütig an. »Nun, Sie werden sehen, es warten noch mehr Überraschungen auf Sie …«

Toni zog sich zurück, und wir setzten uns neben J. M. H. auf die steinerne Bank am Teich.

»Was für Neuigkeiten bringen Sie mir mit?«, fragte er, und sofort kam mir Mrs. Saxton in den Sinn. Ich teilte ihm mit, dass sie hinübergegangen war, hatte aber das Gefühl, ihm nur zu sagen, was er ohnehin bereits wusste.

»Ich habe Ihnen einen SOS-Gedanken geschickt, kurz bevor sie hinüberging«, sagte ich. »Haben Sie ihn empfangen?«

Er schüttelte den Kopf. »Ich befand mich gerade in tiefer Meditation.«

»Aber ich hatte das sichere Gefühl, dass ein Meister zu ihr gekommen war!«

»Alle Meister sind eins im Geiste, und ein selbstloser Gedanke, der zur Weißen Bruderschaft ausgesendet wird, wird niemals unbeantwortet bleiben. Es war Meister K. H., der Ihren Ruf beantwortete; er hat es mir in der Zwischenzeit mitgeteilt.«

Da erkannte ich dankbar, dass meine Vermutung richtig gewesen war. Laut aber sagte ich: »Ist sie jetzt glücklich?«

»So glücklich, wie einer sein kann, der nur wenig Liebe in seinem Herzen hat, aber viel glücklicher, als wenn sie unbegleitet und ohne Beistand hinübergegangen wäre, und voll des Zweifels, in den sie sich vorher gestürzt hatte.«

Er wandte sich zu Herbert: »Sie haben jene Artikel, die ich vorgeschlagen hatte, geschrieben?«

»Ja, das habe ich.«

»Wir haben entschieden, dass schließlich das Buch doch nützlicher wäre; und ich beabsichtige, Ihnen noch zusätzliche Einzelheiten dafür zu geben, solange Sie hier sind.«

Lyalls Züge verrieten, wie erfreut er darüber war.

Plötzlich erinnerte ich mich an einen Brief, den ich in meiner Tasche trug.

»Da wir gerade von Büchern sprechen«, sagte ich zu J. M. H. – »hier ist ein Brief, der Sie angeht. Der Schreiber ist bestimmt nicht von seiner eigenen Wichtigkeit überwältigt. Der Brief kam heute Morgen an – darf ich ihn Ihnen zeigen?«

Er lächelte und streckte mir die Hand entgegen.

»Nach der Lektüre von Büchern über Ihre wortgewandte Person (betr. ›Der Eingeweihte‹)«, las J. M. H. laut vor, »bin ich zutiefst verblüfft, dankbar und gesegnet zu erfahren, dass unbezahlbare Yogis nicht nur im Heimatland meiner Mutter leben, sondern dass Perlen unserer Weisheit auch bis nach Europa und in die Vereinigten Staaten vorgedrungen sind.

Strebte selbst danach, zu Füßen des unschätzbaren Yogis in M. zu sitzen, fand mich aber beklagenswerterweise mangelnd an notwendigen frömmelnden Qualifikationen, fürchtete so, einen metaphysischen Fußtritt von besagtem Yogi zu empfangen, hätte ich mich ihm als Schüler vorgestellt.

Bücher von Ihnen, für die bezahlt vier Rupien, haben Beileid für Hunderttausende geschenkt an Seele, die unterirdisch versenkt ist. Biete Ozean von Dankbarkeit dem Mahatma J. M. H. für Versicherung, freundlicherweise übermittelt durch Ihr bescheidenes Wesen, dass Beendigung zeitweiligen ehelichen Vollzuges (s. Kapitel über Theosophen und Ehe) nicht erste Bedingung zu spirituellem Leben. Umgekehrtes wird versichert von hiesigem Asketen. Bin Ihr leidenschaftlicher, aber gewissenhafter Leser.

P. S. Erstrebe, Schüler von genanntem Mahatma in folgender Inkarnation zu werden ...«

Er gab mir den Brief mit amüsiertem Lächeln zurück und bemerkte dazu: »Sie werden nicht imstande sein, diesen Brief zu beantworten.«

»Oh – warum?«

»Haben Sie nicht gemerkt, dass keine Adresse angegeben ist?«

Das war mir tatsächlich entgangen. »Ich nehme an, er hat sie wohl vergessen«, sagte ich.

»Sie irren sich. Er ist so durch und durch bescheiden, dass er nicht einmal eine Antwort erwartet. Erinnern Sie sich an das Gleichnis von dem Zöllner und dem Pharisäer?«

»*Gott sei mir armem Sünder gnädig …*«, zitierte ich.

»Dieser Mann ist das lebende Beispiel für die Lehre, die jenes Gleichnis vermitteln sollte … Und jetzt«, fuhr er fort, »gibt es da etwas von Bedeutung, das ich Ihnen beiden mitteilen muss.

Ich werde eine Zeit lang zurückgezogen leben. Ich fahre auf den Kontinent hinüber, in einen kleinen Ort hoch oben in den Bergen, wo ich die meiste Zeit in tiefer Meditation verbringen werde. Ich werde einen Schüler bei mir haben, der meinen Körper bewacht, während er in Trance ist – aber nur einen, weil meine Arbeit in Gruppen vorüber ist. Ob sie zu einem späteren Zeitpunkt wieder aufgenommen wird, hängt von vielen Faktoren ab. Obschon es einen allgemeinen Plan für die Menschheit gibt, den die Großen niedergelegt haben, sei doch daran erinnert, dass niemand ein Automat ist, und nicht einmal Meister oder Devas können im Voraus wissen, wie die Bewohner der Erde auf die Einzelheiten jenes Planes reagieren. Die breite Straße mag wohl durch die Berge gebahnt sein, aber die Reisenden könnten am Wege verweilen oder von unzähligen Geschehnissen abgeschreckt werden, ihre Reise fortzusetzen, die von keinem außer den Herren des Karma vorauszusehen sind.

Mit den Meistern in der Behandlung der Probleme zusammenzuarbeiten, die die restlichen Jahre dieses dunklen Zyklus umgeben werden, soll mein Dharma[22] sein. Zu diesem Zweck ist eine Veränderung in meiner eigenen Entwicklung notwendig, denn ich muss lernen, in Verbindung mit den höheren kosmischen Äthern zu treten und ihre Beziehung zur Erde, wie sie zur gegenwärtigen Zeit besteht, studie-

22 Sanskrit: Kombination von Pflicht und Mission.

ren. Dies kann nur in vollkommener Zurückgezogenheit vollbracht werden und in einem Zustand langanhaltenden Samadhis.«[23]

Wir schwiegen. Ich fühlte mich traurig, und ich wusste, dass auch Lyall betrübt war. »Dann sollen wir also unseren Guru verlieren«, sagte ich schließlich.

Der aber lächelte liebevoll. »Nicht verlieren«, sagte er; »haben Sie vergessen, dass die Verbindung zwischen Schüler und Guru die stärkste aller Verbindungen ist?«

»Aber selbst unsere Gedanken scheinen Sie nicht zu erreichen, wenn Sie sich in so tiefer Meditation befinden ...« Ich dachte an meinen Notruf in Verbindung mit Mrs. Saxton.

»Ja, und wie steht es mit all den Menschen, die Sie durch seine Bücher lieben gelernt haben?«, fragte Lyall mit einem Blick auf mich.

»Sagte ich nicht, dass jeder Gedanke, der auf ein Mitglied der Weißen Bruderschaft gerichtet wird, seine Beantwortung erfährt?« Seine Stimme war sehr liebevoll.

»Lassen Sie mich Ihnen etwas erzählen, was Sie vielleicht beide nicht wissen. Es gibt solche auf dem Pfad, die sich vorgestellt haben, Schüler des einen Meisters zu sein, während sie die ganze Zeit Schüler eines anderen gewesen sind. Sie wurden sogar von einem Meister zum anderen weitergereicht, ohne das in ihrem Wachbewusstsein überhaupt zu merken. Unserem Freund wurde erlaubt, seine Bücher zu schreiben, nicht, um im Besonderen für mich zu werben – auch wenn ich fürchte, dass dies wohl der Erfolg war –, sondern um seine Leserschaft über die Existenz der Meister im Allgemeinen in Kenntnis zu setzen – und dies nicht zum Nutzen der Meister, sondern für das Wohl ihrer Schüler und möglichen Schüler. Vergessen Sie nie, dass alle Meister eins sind ... Sie sind die großen Diener der Menschheit. Aber es ist nicht Sache des Schülers, sich einen Meister auszuwählen, weil er eine besondere Vorliebe für ihn hat – sondern es ist Sache des Meisters, den Schüler zu wählen, wegen gewisser Qualifikationen, die dieser besitzen mag, die der Meister auf seine Art und Weise ausbilden kann, damit jener sich nützlich erweisen kann im Dienst an der Menschheit.«

23 Sanskrit: tiefer Versenkungszustand.

Wieder herrschte Schweigen, während wir beide über das nachdachten, was wir gerade gehört hatten.

Schließlich sagte Lyall so treuherzig, dass J. M. H. lachen musste: »Ich muss schon sagen: Es kommt mir etwas merkwürdig vor, daran zu denken, dass jemand den *ganzen* Tag meditiert!«

»Sie erkennen nicht, dass Meditation dieser Art eine große Seligkeit ist – die Glückseligkeit der körperlichen Ruhe, verbunden mit intensiver außerkörperlicher Aktivität.«

»Dann, nehme ich an, müssen wir froh sein«, murmelte Lyall.

»Ja – dann, nehme ich an, müssen wir froh sein«, wiederholte ich nachdenklich.

Als Antwort drückte er uns die Hand. »Warten Sie«, sagte er. »Meinen Sie, ich habe Sie nur hierher gebeten, um Ihnen einen traurigen Abschied zu bieten …?«

Sir Thomas, J. M. H., Lyall und ich waren nach dem Dinner zusammen in der Bibliothek.

»Die Meister befinden sich in einem Dilemma«, sagte der alte Herr und blickte mich an. »Wozu sind Lehrer gut, wenn keiner da ist, den sie unterrichten können? Wozu sind Diener gut, wenn keiner da ist, dem sie dienen können? Sie könnten hilfreich sein.«

Ich war mehr als überrascht und fragte mich, auf welche Weise ich wohl eine Hilfe sein könnte.

»Ein drittes Buch«, war seine knappe Antwort auf meine nicht gestellte Frage. »Haben wir ihnen nicht mit Material gedient? Auch Ihr astrologischer Freund hat Sie mit Stoff versorgt. Sie haben selbst Beobachtungen angestellt. Schreiben Sie sie auf.«

»Aber bin ich denn fähig genug, dies mit irgendwelchem Erfolg zu tun?«

»Hm hm, hm … darum werden *wir* uns kümmern …« Er wandte sich zu Lyall. »Und Sie«, gebot er, »Sie werden eine neue Art von Musik komponieren – und auch ein Buch darüber schreiben –, für die Sie eine besondere Ausbildung von einem Meister erhalten werden. Ätherisches Sehvermögen ist notwendig, um diese Musik zu erfassen. Wichtig, dass der Wert bestimmter Tonkombinationen und ihre Wirkung auf den Hörer vom Komponisten voll erkannt ist, bevor es herausgegeben wird.«

Lyalls Gesicht strahlte auf.

»Musik, eine sehr wichtige Kraft in der Evolution«, fuhr Sir Thomas fort. »Schlechte Musik – schlechte Moral. Alte Musik – alte Gedanken und Mangel an Fortschritt. Kirchenmusik von heute, beispielsweise, was ist sie schon?« Er schüttelte den Kopf. »Lieder, die eine Beleidigung der musikalischen Intelligenz sind, aber der Gottheit sollen sie gefallen! Gregorianische Gesänge – gut, schön, erfreulich und malerisch; aber keine Wirkung auf die Auren der gegenwärtigen Generation; nie gedacht für das zwanzigste Jahrhundert. Etwas anderes ist erforderlich.«

Er lächelte freundlich und wandte sich zum Gehen. »Kommen Sie morgen um zehn Uhr in das blaue Gemach«, fügte er noch hinzu und ging hinaus.

»Meinen Sie, Sir Thomas will, dass ich mich in der Zukunft auf Kirchenmusik spezialisiere?«, fragte Lyall etwas vorsichtig.

J. M. H. lachte. »Nein, nein. Ich würde sagen, Sie schreiben ein wenig Kirchenmusik unter anderem, aber Sir Thomas erwähnte sie nur, weil sie ganz besonders hinter der Zeit geblieben ist.«

Er sprach weiter und erklärte, dass die Meister vor kurzem einen Versuch unternommen hatten, ein Interesse an einem esoterischen Zeremoniell zu erwecken durch die Einführung von geeigneter Musik, aber die durchschnittlich denkenden Menschen in der äußeren Welt von heute erwiesen sich als zu intellektuell, um viel Nutzen davon zu haben, während jene innerhalb der Bewegung zu sehr mit ihren eigenen Behinderungen und persönlichen Problemen beschäftigt waren.

Der Magnetismus wurde beeinträchtigt durch Persönlichkeitsverehrung, und die Musik, die das Ritual veredeln sollte, war zu altmodisch, um die gewünschte Wirkung zu erzielen. So erwies sich die Organisation, in die man so viele Hoffnungen gesetzt hatte – weil sie so frei war von Intoleranz, Bigotterie und Sektierertum –, am Ende als Enttäuschung. Die Intellektuellen, die sich hätten anschließen können, scheuten davor zurück, während die breite Masse alles, was sie brauchte, von den bereits existierenden religiösen Gemeinschaften erhält.

»Diese liberale Organisation«, fuhr er fort, »sollte ursprünglich die Welle der Skepsis bekämpfen, die, wie einige der Meister voraussahen, die kultivierteren Schichten angreifen würde. Die hingebungsvolleren Menschentypen spüren die Notwendigkeit einer Religion. Aber wenn sie nicht nur hingebungsvoll, sondern auch intelligent sind, können die gewöhnlichen, exoterischen Formen des Christentums sie nicht befriedigen. Die Folge ist, dass Tausende von Menschen, die weder Zeit noch Neigung besitzen, vergleichende Religionswissenschaft zu studieren, durch Mystik oder Esoterik im Zweifel bleiben – Zweifel an der Existenz höherer Mächte, Zweifel an einem Leben nach dem Tod und so fort. Dieser muss natürlich nicht als Sünde betrachtet werden, aber er neigt dazu, den höheren Mentalkörper und die spirituellen Fähigkeiten verkümmern zu lassen, und kann, wie Sie bereits wissen, zu einem lang anhaltenden Zustand der Unbewusstheit in anderen Ebenen nach dem Tod führen. Mit anderen Worten, Zweifel errichtet eine Mauer um die feineren Körper herum und behindert diese in ihrer Freiheit. Wenn Sie ein Glied fesseln und seine Bewegungsfreiheit zu lange einschränken, verkümmert es. Nun gut.

Da die neue Kirche nicht zufriedenstellend angenommen wurde, müssen wir nun die Kunst, und besonders die Musik, zu Hilfe rufen. Was das Zeremoniell nicht länger erreichen kann, *könnte*, und wie wir hoffen, *wird* eine neue Form der Musik, und es wird Ihre Mission und die späterer Komponisten sein, diese Musik auf die stoffliche Ebene zu übertragen.«

»Eine neue Art von Musik soll hervorkommen!«, rief Lyall voller Freude. »Das ist wirklich eine frohe Botschaft! Ständig verfolgt mich die Angst, antiquiert zu werden. Wie viel Langeweile habe ich doch erdulden müssen, wenn ich gezwungen war, den Werken antiquierter Komponisten zuzuhören.«

Wir lachten.

Herbert und ich sollten am folgenden Tage in die Stadt zurückkehren, und ich fürchtete ganz besonders den Gedanken, von J. M. H. Abschied nehmen zu müssen. Seit meiner frühen Kindheit war mir das Abschiednehmen eine schlimme Pein, und irgendwie schien es den Jahren seit damals nicht gelungen, sein Pathos zu vermindern.

Vielleicht, weil J. M. H. dies erkannte, sagte er an jenem Abend, als er mir eine gute Nacht wünschte: »Weil morgen ein Tag des Abschiednehmens ist – denken Sie nicht, dass Sie mich nie wiedersehen werden ...« Er legte seine Hand einen Augenblick auf meinen Arm, lächelte und ging.

Am nächsten Morgen erschien er nicht zum Frühstück, und ich wunderte mich darüber; aber Toni Bland sagte mir später, dass er schon lange vor uns in seinem Zimmer gefrühstückt hatte.

»Werden Sie zufällig mit uns zusammen in die Stadt zurückfahren?«, fragte ich Toni.

»Nein«, antwortete er.

»Glücklicher Mann ... Aber wir werden Sie bald wiedersehen, hoffe ich?«

Er schüttelte den Kopf. »Ich verlasse das Land wieder und werde lange Zeit nicht zurückkehren. Sie sind mir ein guter Freund gewesen«, sagte er, als wir den Gartenweg entlanggingen, »und ich bedaure, Sie zu verlassen, aber ...«

Diesen Satz beendete er nie, denn in diesem Augenblick kam Sir Thomas in Begleitung seines Hundes um die Wegbiegung.

»Kommen Sie«, sagte er, blickte auf seine Uhr und dann auf mich; »es ist kurz vor zehn Uhr.«

Unvermittelt ergriff Toni meine Hand, drückte sie, sagte aber nichts. Ich wunderte mich noch darüber, als ich Sir Thomas nacheilte. Sollte das bedeuten, dass irgendeine Prüfung vor mir lag und er mir Glück wünschte – oder was war der Grund?

Es war mir nicht entfallen, dass Sir Thomas uns gebeten hatte, um zehn Uhr in das blaue Gemach zu kommen, aber meine Uhr ging ein wenig nach.

Wir fanden J. M. H. und Lyall in der langen Galerie, wo sie auf uns warteten. Sir Thomas nickte ihnen zu, lächelte, schloss die Tür zu jenem geheimnisvollen Raum auf und bat uns einzutreten. Vier Stühle standen im Halbkreis angeordnet vor dem herrlichen bunten Glasfenster, von dem goldene und purpurne Strahlen auf unsere Gesichter herabschienen. Sir Thomas und J. M. H. nahmen auf den mittleren Stühlen Platz, und wir setzten uns auf die äußeren.

Lange herrschte tiefe Stille. Dann berührte Sir Thomas die Mitte meiner Stirn einige Augenblicke mit den Fingern. »Lausche ...«, sagte er.

Von weit her hörte ich feine Orgeltöne, die vermischt waren mit dem Klang von Stimmen, so rein und ätherisch, als rührten sie von einem himmlischen Engelschor her, dessen sanfte Töne von einer leichten Abendbrise an meine Ohren getragen wurden. Die Musik war anders als alle Musik, die ich je zuvor gehört hatte; sie war zart, doch melodisch, süß, doch bar jeder sentimentalen Überladenheit, im einen Moment machtvoll und Ehrfurcht gebietend, im nächsten wieder weich und sanft wie die Liebkosung von Engelshand.

»Mein Bruder Koot Hoomi spielt auf seiner Orgel ..., und die Stimmen, die du hörst, sind jene der Gandharvas ... Höre gut zu, und merke es dir, denn eines Tages wirst du solche Musik der Welt schenken ...«

Es war Sir Thomas, der gesprochen hatte, und seine Worte galten Lyall.

Die Musik hielt noch eine Zeit lang an, um dann allmählich zu verklingen, und wieder herrschte Stille.

»Schließt eure Augen«, sagte er, »und seht mit eurer inneren Schau.«

Plötzlich nahm ich den süßen Duft verschiedener Blumen wahr, und dann, obwohl meine Augen geschlossen waren, erschienen die Gestalten zweier Wesen durch einen Schleier der feinsten und schönsten Farbtöne, die ich je gesehen hatte. Und in diesem Moment erkannte ich, dass ich Meister Koot Hoomi erblickte – der durch Chris zu mir gesprochen hatte –, und bei ihm war der tibetische Adept, Meister D. K.[24]

»Seid gegrüßt, meine Brüder«, sagte Sir Thomas ruhig, und Meister Koot Hoomis christusähnliches Antlitz leuchtete auf in einem Lächeln, so unbeschreiblich liebevoll, dass es wie die Essenz jener Worte erschien, die er vor langer Zeit zu Chris gesprochen hatte: »*Die Liebe, die ich für jeden von euch empfinde, das ist Gott* ...«

Der tibetische Meister lächelte ebenfalls, und väterliche Zuneigung sprach aus seinen mongolischen Zügen und erweckte in mir ein intensives Gefühl der Hingabe.

J. M. H.s Stimme durchbrach sehr sanft die Stille.

»Brüder und Meister«, sagte er, »in eure Obhut übergebe ich meine geliebten Schüler, die mir wohl gedient haben. Mögen sie sich eurer Führung, eures Schutzes und eurer Liebe würdig erweisen.«

---

24 Djwal Khul (Anm. d. Ü.).

Meister Koot Hoomi streckte uns seine Arme in liebevollem Willkommen entgegen, und in seinen Augen war ein Blick des Wiedererkennens, als wollten sie sagen: »Haben wir nicht schon früher einmal miteinander gesprochen?« Dann bewegten sich seine Lippen, und ich glaubte, ihn sagen zu hören:

»Vor vielen Jahren in Griechenland, als ich Pythagoras war, wart ihr beide meine Schüler, und jetzt heiße ich euch abermals willkommen bei mir. Ihr, die ihr wünscht, der Menschheit zu dienen, sollt größere Kraft zum Dienen bekommen – du mit deiner Feder, und du« – er wandte sich zu Lyall – »mit deiner Musik. Wir wollen einer leidenden und verwirrten Welt einige der antiken Weisen, Kranke zu heilen, zurückbringen; und eine davon ist die Heilung durch den Klang der Musik. Der Mensch soll gelehrt werden, dass der, der den grobstofflichen Körper heilt, den er sehen kann, zuerst den Linga sharira[25] heilen muss, den er noch nicht sehen kann. Zu diesem Zweck brauchen wir jene, die uns mit ihren verschiedenen Begabungen dienen werden; und indem sie uns dienen, können sie der Menschheit dienen. Sehr groß ist unser Bedarf in dieser Zeit der Finsternis und des Zweifels, denn jene, die einst willens waren zu dienen, dienen uns nicht mehr, und jene, die willens sein könnten zu dienen und so die Freuden des Dienens ernteten, haben sich abgewendet und sind uns in ihrem Dunkel verloren.«

Und dann begann die Vision zu schwinden. Ich spürte, dass die beiden Meister noch anwesend waren, aber ich verlor die Kraft, sie zu sehen. Mit einer unwillkürlichen Bewegung streckte ich meine Hand nach Sir Thomas aus, dass er meine Stirn erneut berühren möge und mich befähigte, wieder zu sehen, aber er bedeutete mir, dass es nicht gut wäre, dies zu tun.

Dann sprach J. M. H. – Zuerst redete er zu Lyall, dann zu mir. »Meister Koot Hoomi sagt, dass sein Bruder, Meister D. K., Ihre feineren Körper vorbereiten wird, um die Inspiration zu empfangen, die er Ihnen schließlich selbst geben wird; und dass mehrere der Meister Ihnen helfen werden, das Buch zu schreiben, über das Sir Thomas auf Ihre Bitte hin mit Ihnen gesprochen hat.«

Er schwieg einen Augenblick. »Auch wenn ich mich in die Abge-

25 Der Ätherkörper.

schiedenheit zurückziehe, wird keiner von denen, die mich mit ihrer Liebe geehrt und sich durch ihre Gedanken mit mir verbunden haben, ohne Führung gelassen werden. Meister Koot Hoomi breitet seine Arme aus und sagt: ›Lasst sie zu uns kommen; nach ihren Bedürfnissen und ihrem Bestreben, uns zu dienen, soll ihnen gegeben werden …‹ Er schenkt euch beiden seinen Segen.«

Wir blieben einige Minuten schweigend sitzen, dann erhoben sich Sir Thomas und J. M. H. von ihren Plätzen.

»Bleibt hier ruhig noch eine Weile«, sagte Sir Thomas, »und dann geht zum Seerosenteich.«

Und wir waren froh über seinen Vorschlag, denn in diesem blauen Gemach war noch eine solche Atmosphäre des Friedens und der Liebe, dass ich es nur ungern verließ, auch nicht um der süßen Ruhe im Garten von Sir Thomas willen. Darüber hinaus war mein ganzes Bewusstsein durchdrungen von einer geistigen Heiterkeit, so neu und wunderbar, dass ich fast nicht wagte, mich zu bewegen, damit sie nicht von mir wiche und verloren wäre, um nie wiedererlangt werden zu können.

Wir hatten den Seerosenteich eine Zeit lang schweigend betrachtet, als zu unserer großen Überraschung Sir Thomas nahte und sich neben uns setzte.

»Lebewohl …«, sagte er, »nur wenige von uns lieben es, und die meisten von uns könnten darauf verzichten; warum es also nicht umgehen? Dem aber, der eins ist mit allen Wesen und das eine Selbst erkennt, für ihn gibt es keine Trennung. Nun – gut … Eines Tages werdet auch ihr diese Erkenntnis erlangen. In der Zwischenzeit … hm, hm, hm, dem alten Herrn bleibt es überlassen, zu reden und die Neuigkeit weiterzugeben …«

J. M. H. hatte uns den Schmerz des Abschieds erspart und uns verlassen; Toni Bland nahm er als den einen Schüler mit.

DER EINGEWEIHTE

Der Erlebnisbericht eines geistigen Suchers, der seine langjährige Schulung durch einen Meister der Weisheit beschreibt. Es gibt kaum ein vergleichbares Werk der modernen esoterischen Literatur, das auf so faszinierende und ungemein packende Art und Weise Leben und Werk eines großen Eingeweihten schildert. Dieses überaus spannende Buch zeigt, dass die „Meister" nicht in unzugänglichen Höhlen im Himalaya leben, sondern im Hier und Jetzt ihr segensreiches Wirken entfalten - wenngleich weithin unbemerkt von ihrer Umgebung. Die großen Wissenden sehen und erkennen die Sorgen, Nöte und Schwächen der suchenden Menschheit, und sie setzen ihre ganze Kraft dafür ein, Licht und Inspiration auf der Erde zu verankern.

Ein Weisheitsbuch, das voller Humor und aus tiefer Erkenntnis heraus jedem ernsthaft suchenden Menschen ein Licht auf seinem eigenen Weg sein wird!

Cyril Scott
DER EINGEWEIHTE
Eindrücke einer großen Seele
Band 1
Hardcover, 288 Seiten,
ISBN 978-3-89427-371-2

Der zweite Band schildert die Begegnung des Verfassers mit seinem Meister in der englischen Gesellschaft.

Cyril Scott
DER EINGEWEIHTE
IN DER NEUEN WELT
Band 2
Hardcover, 216 Seiten,
ISBN 978-3-89427-372-9

Der zweite Band schildert die Begegnung des Verfassers mit seinem Meister in den Vereinigten Staaten.

Cyrill Scott (Hrsg.)
Der Junge mit den lichten Augen
Aquamarin Verlag